经济管理与金融发展

胡阳 著

延吉·延边大学出版社

图书在版编目（CIP）数据

经济管理与金融发展 / 胡阳著. -- 延吉 ： 延边大学出版社，2024. 10. ISBN 978-7-230-07307-3

Ⅰ. F832

中国国家版本馆CIP数据核字第20243MY577号

经济管理与金融发展

JINGJI GUANLI YU JINRONG FAZHAN

著　　者：胡　阳
责任编辑：李　磊
封面设计：文合文化
出版发行：延边大学出版社
社　　址：吉林省延吉市公园路977号　　　邮　　编：133002
网　　址：http://www.ydcbs.com　　　E-mail：ydcbs@ydcbs.com
电　　话：0433-2732435　　　传　　真：0433-2732434
印　　刷：廊坊市广阳区九洲印刷厂
开　　本：710mm×1000mm　1/16
印　　张：12.25
字　　数：220 千字
版　　次：2024 年 10 月 第 1 版
印　　次：2024 年 10 月 第 1 次印刷
书　　号：ISBN 978-7-230-07307-3

定价：78.00元

前　　言

　　在当今全球化经济背景下，经济管理与金融发展已成为推动国家经济增长和社会进步的重要引擎。经济管理与金融发展之间存在着密不可分的关系，它们相互影响、相互促进，共同构成了现代化经济体系的核心框架。

　　经济管理作为一门具有较强综合性和实践性的学科，其目标在于通过科学的规划、组织、指挥、协调和控制，合理配置和高效利用经济资源，实现经济的稳定增长和可持续发展。在这个过程中，经济管理不仅关注微观层面的企业运营和市场竞争，也重视宏观层面的经济政策和产业布局，力求在促进经济增长的同时，维护社会和谐与稳定。

　　金融发展则是现代化经济体系中不可或缺的组成部分。金融作为资金流动和资源配置的桥梁，在促进经济发展、优化产业结构、提升国际竞争力等方面都发挥着至关重要的作用。一个国家或地区的金融发展水平往往与其经济繁荣程度和发展潜力有着密切关系。金融发展的理念、目标需要与经济管理的理念和目标相契合，这样才能推动经济的健康、稳定、可持续发展。

　　在当前的经济环境下，经济管理与金融发展的交织与协同显得尤为重要。一方面，经济管理的科学性和有效性能够为金融发展提供坚实的基础和保障；另一方面，金融发展取得的创新和进步成果也能够为经济管理提供新的思路和方法。因此，相关工作者需要深入研究和探讨经济管理与金融发展之间的关系和互动机制，为实现经济的高质量发展提供有益的借鉴和参考。

　　本文将从经济管理的相关概念入手，分析经济管理与金融发展之间的内在联系和相互影响，探讨它们在促进经济增长和社会进步中的作用和贡献。

胡阳

2024 年 9 月

目　　录

第一章　经济管理概述

第一节　经济管理的理论基础

任何学科都有自己的研究对象，其规律性的东西都要用自己的学科语言进行表达。经济管理涉及经济学和管理学两个学科的理论知识，既需要对经济运行的规律有深入的理解，也需要采取有效的管理策略和方法。经济管理的作用包括通过管理使潜在的生产力变为现实的生产力，推动社会进步和发展，这离不开经济学和管理学的理论知识。因此，研究经济管理，需要对经济学相关原理和管理学相关理论都有深入的了解。

一、经济学相关原理

（一）替代关系原理

经济学中的替代关系原理指的是在生产资源有限的条件下，多生产 A 产品，必然以少生产 B 产品为代价。这一原理反映了在资源约束下，生产者需要在不同产品之间进行选择和权衡。

具体来说，当对某种产品投入的生产要素（如原材料、劳动力或资本）增加时，用于生产另一种产品的生产要素投入量就必须减少，以确保总的生产资源保持不变。这种替代关系在生产过程中普遍存在，尤其是在资源有限的情况下，生产者需要根据市场需求、生产成本以及可用资源的限制来决定

1

如何分配这些资源。

（二）机会成本原理

机会成本是指企业为从事某项经营活动而放弃从事另一项经营活动的机会，或利用一定资源获得收入时所放弃的另一种收入。另一项经营活动应取得的收益即为正在从事的经营活动的机会成本，另一种收入即为正在利用资源获得的收入的机会成本。

机会成本是经济学中的一个重要概念，它能帮助企业正确选择经营项目，确保实际收益大于机会成本，从而使有限的资源得到最佳配置。

（三）边际决策原理

边际决策原理是指某个经济活动的边际成本等于边际收益时，就实现了收入或利润的最大化。其中，边际成本是指进行一个决策所需付出的额外成本，边际收益是指从该决策中获得的额外收益。

边际决策原理要求企业在做出决策时，应该考虑新增一个单位资源所带来的收益是否大于其成本，如果大于，则继续增加；反之，则停止增加。边际决策原理在企业决策中非常重要。例如，一个企业决定是否接受一个订单时，需要考虑接受这个订单的边际收益是否大于其边际成本。边际决策原则能够帮助企业做出更理性的决策，避免不必要的浪费。

（四）激励反应原理

激励反应实际上就是利益驱动，即人们会对激励做出反应，比较成本与收益，从而做出决策。当成本或收益变动时，人们的行为也会改变。例如，某种商品价格上升，意味着购买者成本上升，人们会做出减少购买该商品而选择其他替代品的决策；反之，当某种商品价格下降时，人们对该商品的购买力又会提高。同样，该商品的生产者也会根据价格的升降做出相应决策，因为价格的升降意味着出售商品的收益增减。

激励反应原理在经济学中具有核心作用。它不仅影响个人的消费行为和生产者的生产行为，还影响企业的决策和政策制定。理解这一原理可以帮助企业更理性、更有效地进行决策。

（五）比较优势原理

比较优势原理的核心思想是：在两国之间，劳动生产率的差距并不是在任何产品上都相等。每个国家都应集中生产并出口具有比较优势的产品，进口具有比较劣势的产品，这样，双方均可节省劳动力，从专业化分工中获得好处。比较优势原理解释了即使一个国家在所有商品生产中都处于劣势，仍然可以通过国际贸易获得利益，说明了交易能使每个生产者状况变得更好的道理。两个生产者的交换能使双方获益，两个国家进行贸易可以使两个国家的状况都变得更好，即通过专业化生产和交换，各国可以实现资源的有效配置和经济的增长。

（六）"看不见的手"原理

"看不见的手"原理是指市场供求受价格这只"看不见的手"的指引，消费者购买什么、购买多少、何时购买，生产者生产什么、生产多少、如何生产，都由市场供求关系决定。消费者和生产者都时刻关注着价格，不知不觉地考虑他们的购买行为或生产行为的成本与收益。最终，"看不见的手"指引这些决策者通过市场实现供求的相对均衡，达到社会整体利益的最大化。

"看不见的手"原理强调市场通过价格、供求、竞争和风险机制，促使生产要素优化组合和商品生产者改善经营管理、提高生产技术，并最终实现资源的优化配置。

（七）"看得见的手"原理

"看得见的手"原理是指在"看不见的手"失灵（即市场失灵）的情况下，政府通过干预手段（即宏观调控）改变市场资源配置。市场失灵是指市场本身不能解决资源有效配置的情况。市场失灵可能带来分配不公、经济波动或危机等问题。此时，政府通过经济手段、法律手段、行政手段，综合调控经济，以纠正市场失灵，保证市场的正常运行。

"看不见的手"和"看得见的手"，即市场作用和政府作用要有机结合，形成相互补充、相互协调的格局，推动经济社会持续、健康发展。

（八）通货膨胀与失业交替原理

通货膨胀是指一个国家在一定时期内出现物价总水平持续上升的现象。货币量的迅速增加、货币流通速度加快和生产率的大幅度下降都可能导致通货膨胀。在经济学范畴中，失业是指一定年龄范围内的人愿意并有能力为获取报酬而工作，但尚未找到工作的情况。菲利普斯曲线揭示了通货膨胀与失业之间的交替关系，即通货膨胀率与失业率此消彼长，失业率高，通货膨胀率则低；失业率低，通货膨胀率则高。

（九）边际收益递减原理

边际收益递减原理是指当保持其他投入量不变时，连续增加同一单位的某种投入量，所增加的收益（或产量）越来越少。收益递减的原因是：其他要素的投入量不变，某一种要素的投入量增加，如将更多单位的劳动量放到固定数量的土地、机器上，那么土地变得更加拥挤，机器超负荷运转，所投入的劳动就变得越来越不重要了。

在经济学中，边际收益递减原理解释了为什么在生产过程中，不断增加同一生产要素的投入并不会带来效益的无限增长。

二、管理学相关理论

（一）科学管理理论

科学管理理论的主要代表人物是美国管理学者泰勒（F. W. Taylor）。1911年，泰勒出版了《科学管理原理》一书，提出了通过对工作方法的科学研究来提高生产效率的基本原理和方法，突破了传统经验管理的局限。泰勒的科学管理理论的主要内容如下：

1.制定科学的操作标准

科学管理的主要目的就是提高劳动生产率，为此，管理者应该为工人制定有科学依据的操作标准。泰勒通过动作研究和时间研究，对工人工作过程的每一个环节进行科学的观察分析，制定了科学的操作标准，用以规范工人的工作活动。

2.能力与岗位相匹配

泰勒的科学管理理论重视人员的选拔和使用，他提出，为了提高劳动生产率，必须挑选一流的工人。管理人员需要做的就是将工人与岗位相匹配，为工人找到能够充分发挥能力的岗位或工作。为此，需要对工人进行培训，使他们成为一流的工人，并鼓励他们努力工作。

3.实行差别计件工资制

为了使劳资双方真诚合作，确保双方都能从提高生产效率中获益，泰勒建议实行全额累进或全额累退的"差别计件工资制"，即对完成工作定额的工人，其全部工资按较高的工资率计算，对没有完成工作定额的工人，其全部工资则按较低的工资率计算。通过这种金钱激励，促使工人最大限度地提高生产效率，而在生产率提高幅度超过工资增加幅度的情况下，雇主也能从中获得更多的利润。

4.管理工作与操作工作相分离

泰勒认为，管理者与工人各自的工作职责必须明确，实行管理工作与操作工作相分离，主张设立专门的管理部门，管理部门的职责是研究、调查、训练、控制和指导操作者的工作。

5.实行管理的"例外原则"

泰勒提出，管理工作要按具体的职能不同而进行细分，每个管理者只承担一两种管理职能，并实行管理的"例外原则"，即高层管理者只集中处理"例外事项"，行使重要事项的决策权和监督权。而把那些经常出现、重复出现的"例行问题"的解决办法制度化、标准化，并交给下级人员去处理。

（二）组织管理理论

组织管理理论的主要代表人物是法国管理学家法约尔（H. Fayol），其代表作《工业管理与一般管理》一书，从理论上概括了适用于各类组织的管理五要素和有效管理的十四项原则。与科学管理理论主要侧重研究基层工人的作业管理不同，组织管理理论是站在高层管理者的角度来研究整个组织的管理问题的。法约尔的组织管理理论的主要内容有以下几个方面：

1.管理五要素

计划、组织、指挥、协调和控制是管理的五个基本要素，也是管理活动的五大职能。其中，计划是指预测未来并制订行动方案；组织是指建立企业的物质结构和社会结构；指挥是指使企业人员发挥作用；协调是指让企业人员团结一致，使企业中的所有活动和谐统一；控制是指保证企业中进行的一切活动符合所制订的计划和所下达的命令。

2.有效管理的十四项原则

法约尔认为，管理不仅是工业企业有效运行不可缺少的，而且存在于一切有组织的人类活动之中，是一种具有普遍性的行为。同时，法约尔认为，人可以通过接受教育来获得管理能力。另外，法约尔认为，管理成功与否不完全取决于管理者的管理能力，更重要的是管理者是否能灵活地贯彻有效管理的十四项原则。这些原则如下：

（1）劳动分工原则

法约尔认为，劳动分工可以提高员工的技术熟练程度，从而提高工作效率。同时他认为，劳动分工原则不只适用于技术工作，也适用于管理工作。

（2）权力与责任原则

法约尔认为，管理者必须拥有命令下级的权力，包括正式权力和个人权力。正式权力是由管理者的职务和职位所决定的，个人权力是由管理者个人的智慧、学识、经验、以往的成就、道德品质等所决定的。出色的管理者应当把他的个人权力作为正式权力的补充。同时，拥有权力的人，也必须负起相应的责任，即权力应与责任相符。

（3）纪律原则

法约尔认为，纪律包括两个方面的内容：一是组织与组织内部人员之间的协定，二是组织内部人员对这个协定的态度及其遵守的情况。纪律是组织团结一致的关键，员工必须服从和尊重组织的规定，领导者必须以身作则，使全体员工都对组织规章有明确的理解，并且要实行公平的奖惩制度，这些措施对于保证纪律的有效性非常重要。

（4）统一指挥原则

法约尔认为，无论哪一种工作，一个下属只应接受一个领导者的命令，这是一项普遍的、永久的、必要的原则。如果两个领导者同时对同一个下属行使他们的权力，就会出现混乱，组织的纪律、秩序、稳定等将会受到威胁。

（5）统一领导原则

统一领导原则与统一指挥原则相关。法约尔认为，对于具有共同目标的全部活动，都只能在一个领导者和一项计划的指导下进行。统一领导原则要求在一个健全的组织内部，一个下级只能有一个上级，上级不能越级下达指令，下级也不能越级接受命令。统一领导原则与统一指挥原则是不同的。统一领导原则讲的是组织机构设置的问题，即在设置组织机构的时候，一个下级不能有两个直接上级。统一指挥原则强调一个下属只能听从一个领导者的命令，讲的是组织机构的运转问题。

（6）个人利益服从整体利益原则

法约尔认为，在一个企业中，一个人或一些人的利益不能置于企业的整体利益之上。同时，法约尔提出，坚持个人利益服从整体利益原则的正确做法是：第一，领导人要发挥榜样作用；第二，尽可能签订公平的协定；第三，要有严格的监督制度。

（7）报酬公平原则

法约尔认为，在确定员工的报酬时，首先要考虑的是维持员工的最低生活消费和企业的基本经营活动，这是确定员工报酬的出发点。在此基础上，再根据员工的劳动贡献情况决定其应当得到的报酬。报酬公平原则要求企业的报酬制度应该满足以下几点：第一，能保证报酬公平；第二，能奖励有益的努力，并激发员工的工作热情；第三，不应出现超过合理限度的过多报酬。

（8）集中原则

法约尔认为，决策制定权是集中给管理者还是分散给下属，这只是一个尺度的问题，管理者的任务是找到每种情况下最合适的权力集中制度。权力集中的程度并不是固定不变的，对于某个企业来说，关于决策制定权的问题，最终的解决方式在于把握住最适合该企业的权力集中程度。

（9）等级链与跳板原则

等级链是指从企业的最高权力机构直至最底层管理人员的序列，是一条权力线，用以贯彻执行统一的命令和保证信息传递的秩序。等级链能保证统一指挥和统一领导，但往往不是信息传递最迅速的渠道。为了把尊重等级链与保持行动迅速更好地结合起来，法约尔设计了一种"跳板"，便于同级之间的横向沟通，但员工在与同级进行横向沟通前要征求各自上级的意见，并且事后要立即向各自的上级汇报，这一做法坚持了统一指挥原则。

（10）秩序原则

法约尔认为，无论是物品还是人员，都应该在恰当的时候处在恰当的位置上。每个人都有他的长处和短处，企业遵守秩序原则，就是要确定最适合每个人的能力发挥的工作岗位，然后使每个人都在最能使自己的能力得到发挥的岗位上工作。

（11）公平原则

法约尔认为，管理者应当友善和公正地对待下属，根据实际情况对下属的劳动表现进行善意的评价。

（12）人员稳定原则

法约尔认为，每个人适应自己的工作都需要一定的时间，因此，不要轻易变动员工的工作岗位，以免影响工作的连续性和稳定性。管理者应制订规范的人事管理计划，以保证组织所需人员的供应。

（13）首创原则

首创原则指的是管理者应鼓励员工发表意见和主动地开展工作。法约尔认为，人的自我实现需求的满足是激发人们的工作热情和工作积极性的最有力的因素。贯彻纪律原则、统一指挥原则、统一领导原则等，会影响员工的首创精神，因此，领导者需要极有分寸，并要有某种勇气来激发员工的首创精神。

（14）团结原则

法约尔强调，团结精神能够促进组织内部的和谐与统一。法约尔认为，管理者需要确保并提高劳动者在工作中的士气，培养积极的工作态度。为了加强组织的团结，法约尔特别提出在组织中要禁止滥用书面联系。他认为，在处理一个业务问题时，当面交谈要比书面联系更便捷，并且简单得多。另外，一些冲突、误会可以在交谈中得到解决。

（三）行政组织体系理论

行政组织体系理论的主要代表人物是德国社会学家韦伯（M. Weber），他在其代表作《社会组织和经济组织理论》一书中提出了理想的行政组织体系理论，因而被后人誉为"组织理论之父"。韦伯的行政组织体系理论的主要内容包括以下几个方面：

1.权力是组织形成的基础

韦伯认为，组织中存在三种纯粹形式的权力：一是法定的权力，其是以组织内部各级领导职位所具有的正式权力为依据的；二是传统的权力，这种权力是以古老传统的不可侵犯性和执行这种权力的人的地位的正统性为依据的；三是超凡的权力，这种权力是以他人的崇拜和追随为依据的。韦伯强调，组织必须将法定的权力作为行政组织体系的基础。

2.理想的行政组织体系的特点

韦伯认为，理想的行政组织体系至少有以下几个特点：①组织的成员之间有明确的任务分工；②结构的上下层次职位清晰、权责分明；③对组织人员的任用要根据职务的要求，经过正式的培训，确保人员考核合格，然后予以任命；④对组织人员的任用必须一视同仁，严格掌握标准；⑤管理与资本经营分离，管理者应成为职业工作者，而不是资本所有者；⑥组织内人员之间的关系是工作的关系、职位的关系，不受个人感情影响。

（四）行为管理理论

行为管理理论的代表人物是美国著名心理学教授梅奥（G. E. Mayo）。梅奥在《工业文明中的人类问题》一书中提出了人际关系学说。梅奥的人际关系学说标志着管理理论从早期单纯重视对组织形式及方法的研究，开始转向对人的因素在组织中的作用的研究。行为管理理论的主要内容如下：

1.组织员工是"社会人"

梅奥认为，人们从事工作并不是仅追求金钱收入，他们还追求人与人之间的友情，以及安全感、归属感和受到尊重的感觉等。人首先是"社会人"，而不是早期科学管理理论所描述的"经济人"。

2.生产效率取决于员工的工作态度和人们的相互关系

梅奥强调，企业应致力于构建良好的内部人际关系，赋予员工强烈的归属感，促进员工之间和睦相处，并满足他们在社会和心理层面的需求，以此激发员工的劳动积极性，进而提高生产效率。

3.重视非正式组织的存在和作用

梅奥认为，企业中不仅存在正式组织，还存在人们在共同劳动中形成的非正式组织。这些非正式组织内部有着自己的规范和要求，并且左右着团体内每个成员的行为。非正式组织的存在对组织既有利也有弊。管理人员要想实施有效的管理，就要既重视正式组织的作用，又重视非正式组织的存在和作用。

第二节　经济管理的作用和职能

一、经济管理的作用

（一）提高组织的有序化程度

有序化是组织生命的根本，有序化程度越高，组织的生命力越强。组织内部秩序的维持离不开经济管理。换言之，有效的经济管理是维持和增强系统生命力的根本，可以促使组织趋向有序。通过有效的经济管理，组织内部能够实现人员、物品和行为等多方面的有序化。需要强调的是，经济管理对于提高组织有序化程度的作用还表现为组织通过经济管理能够不断改革和创新，克服惰性，增强组织的生存和发展能力。

（二）协调组织整体发展

经济管理首先是一种思想、观念和意识，如果它能被组织中多数人掌握，则每个人都可以在其所处的点或线上发挥作用，从而对整个组织产生推动作用。

经济管理的本质就是通过管理人员、管理决策、管理机制等，调动所有人的积极性，从而使每个处于某一点或线上的人创造出更多的成果，进而推动组织与社会的全面进步和发展。换言之，经济管理就是在组织内创造一种气氛，使组织中的每一个成员都为共同目标而努力。当然，这个共同目标应是组织目标和组织内个体目标协调的结果。经济管理的作用就是要通过经济管理者及其所制定的政策和所建立的机制，调动所有人的积极性，创造一种气氛。在这种气氛中，组织的思想、观念和意识等较容易为大多数人接受。这样，每个人都可在其所处的点或线上充分发挥作用，从而推动组织的发展。

（三）放大作用

经济管理的放大作用，主要表现在两个方面：

1.提高人们的协调能力

个人单独劳动的效果是十分有限的。随着社会的进步和发展，越来越多的工作如果单靠个人的劳动可能需要很长时间才能完成，有时甚至无法完成。经济管理就是由一个或多个人来协调其他人的活动，提高人们的协调能力，从而取得个人单独劳动所不能取得的效果。

2.使组织的产出倍增

从某种意义上说，所有的组织都是一个投入-产出系统，其功能在于使各种投入要素（人力、物力、资金、信息）得以转换，以新的面貌被产出。经济管理的重要作用在于科学地配置资源，科学地组织系统的转换过程，从而保证其产出大于投入，使组织的产出倍增。

二、经济管理的职能

（一）经济管理的计划职能

计划职能是经济管理职能中最基本的职能。在组织的经济管理活动中，计划职能主要指的是确定组织的任务和目标，拟定完成任务和目标的行动纲领。

在现代社会，发挥计划职能的作用已成为组织生存的必要条件。对组织而言，要想经营得当就必须有计划，而且要保证计划能按部就班地完成，把计划作为集体行动的准绳。

1.计划的特征

计划的特征主要有四个：

（1）目的性

任何组织都是通过有意识的合作来完成群体的目标而得以生存的。具体地说，计划工作首先要确定目标，然后，组织要围绕目标开展各种活动，并预测和分析哪些活动有利于达到目标，哪些活动不利于达到目标，并用分析结果来指导今后的活动。

（2）主导性

计划的主导性体现在两个方面：第一，经济管理过程中的其他活动都要在计划确定了以后才能进行；第二，管理者通过制订计划，可以了解组织需要什么样的结构、需要什么样的人员，领导者以什么样的方式来领导下属，等等。

（3）效率性

计划的效率是指计划对组织目标的贡献，扣除制订和执行计划所需要的费用及其他因素后的差额。如果一个计划能够达到目标，但在计划的实施过程中付出了太高的代价或不必要的代价，那么这个计划的效率就很低。如果一个计划按合理的代价实现了目标，这样的计划就是有效率的。在衡量代价时，不仅要用时间、金钱等指标来衡量，而且要将集体和个人的满意程度作为重要的指标。

2.计划的表现形式

计划通常表现为宗旨、目标、战略或策略、政策、程序、规则、规划和预算等。

宗旨明确地指出了一定的组织机构在社会上应起的作用及所处的地位。

目标具体规定了组织及各个部门的经营管理活动在一定的时期内所要完成的具体任务。目标不仅是计划工作的终点，而且是人员配备、控制等活动所要达到的结果。

战略或策略指出了组织为实现自己的目标而确定的主攻方向，是对组织所拥有的人力、物力、财力进行部署的基本依据。

政策是指组织在决定和处理问题时，指导员工，并与员工进行沟通的方针和一般规定。政策通过明确组织活动的方针和范围，以保证所有员工的行动和目标一致。

程序通俗地讲就是办事流程，程序规定的是行动的时间顺序以及处理例行问题的方法和步骤。

规则明确了在具体场合和具体情况下，允许或不允许采取某种特定行动。

规划是综合性计划，它是目标、政策、程序、规则、资源以及其他要素的复合体。

预算是一种数量化的财务计划，也是一种重要的控制手段。

3.计划的作用

虽然各种计划的形式不同，但它们的作用基本相同，主要有以下几个：

第一，提供方向。未来发展道路的不确定性和环境的变化要求行动保持正确的方向。计划作为一种筹划，能使所有行动保持同一方向，从而保证目标的实现。

第二，力求经济合理。组织实现目标的途径有多种，需要选择最优的途径，以最低的费用取得预期的成果，避免不必要的损失。计划强调协调和节约，其重大安排都经过经济和技术的可行性分析，可以使实现目标的过程付出的代价尽可能少。

第三，发现机会和危险。未来发展道路的不确定性带来的危险不可能完全消除，但组织应力求把危险程度降到最低。计划能够促使相关组织及时发现机会，也能预见危险，早做准备，以防万一。

第四，统一工作标准。组织中所有部门都在为了一个目标工作，这就需要计划来协调。

4.计划的程序

制订一项计划需要做以下准备工作：分析环境并进行预测，拟定实现目标的行动方案，方案细化，计划执行。具体而言，制定一项计划主要有以下七个步骤：

（1）估量机会

估量机会是制订计划的起点，其目的是发现将来可能出现的机会。估量机会包括对计划的内外部环境进行评估分析，以及评估企业把握机会的能力。

（2）确立目标

计划工作的目标是指组织在一定时期内所要达到的效果。它指明在这个时期内组织要做的工作有哪些，重点放在哪里，要完成什么任务。目标一旦确立，以后一切行动和工作均以此为标准。

（3）确定计划的前提

计划的前提是拟订计划时的假定条件，包括说明事实的预测资料、可行的基本政策和当前的企业计划。由于计划执行的未来环境相当复杂，确定计划的前提时，一般要充分考虑对计划执行有较大影响的因素。

（4）拟定可供选择的方案

一个计划的最终选定，需要首先确定几个可供选择的方案。管理者要考察大量可供选择的方案，并从中选出有希望成功的几个方案。

（5）评价各种方案并择优

在确定了各种可供选择的方案并分析它们的优缺点后，下一步就是根据计划的目标和前提来权衡各种因素，以此对各个方案进行评价和择优。由于可供选择的方案有着大量的变数和限定条件，评价工作可能相当复杂，以各种方案的行为过程和可能结果为基础进行评价和择优是计划的关键一步。

（6）制订派生计划及相应的预算

派生计划和预算是基本计划的具体化，也是基本计划的分支，基本计划的执行是通过执行派生计划和预算而得以实现的。

（7）计划的执行

在执行计划的过程中，管理者要不断地检查进度和成效，并针对发生的各种变化和问题调整计划方案。只有当一项计划的执行取得了预定的效果，完成了预定的目标时，才可以说计划是成功的。

5.计划编制的方法

计划工作的效率高低很大程度上取决于计划编制方法的好坏。当前，许多企业采用的计划编制方法，如滚动计划法、网络计划技术、线性规划法、预算法等，大量采用新兴技术成果，不仅大幅度提高了计划编制工作的质量，而且大大加快了计划的执行进度。

（二）经济管理的组织职能

在经济管理活动中，管理者通过计划工作确定了组织的目标和计划方案之后，就要将组织拥有的各项资源按最有利于实现目标的形式组织起来。这就是经济管理的组织职能。

1.组织职能的基本任务

在管理学层面，"组织"一词可以从静态和动态两个方面进行理解。从静态看，组织是由人组成的，有明确的目的和系统性结构的实体；从动态看，组织是指经济管理的组织职能，即维持与变革组织结构，完成组织目标的过程。此处所讲的组织，指的是经济管理的组织职能，即动态角度的组织。在经济管理活动中，管理者的组织职能主要体现在以下几个方面：

①设计并建立组织结构。

②设计并建立职权关系体系、组织制度规范体系与信息沟通模式，以完善组织并保证其有效运行。

③人员配备与人力资源开发。

④组织协调与变革。

2.组织职能实施的流程

经济管理的组织职能实施的流程一般为：

①根据组织的宗旨、目标和主客观环境，确定组织结构设计的基本思路与原则。

②根据目标设置各项经营、管理任务，明确关键任务，并把总的管理职能分解为具体管理业务和工作等。

③选择总体结构模式，设计与建立组织结构的基本框架。

④设计纵向与横向组织结构之间的联系与协调方式、信息沟通模式和控制手段，并建立完善的制度规范体系。

⑤为组织运行配备相应的管理人员和工作人员，并进行培训。

⑥对组织成员进行考核，并设计、实施奖酬制度。

⑦在组织运行过程中，管理者要加强跟踪控制，适时进行修正，使组织结构不断完善。

⑧管理者要学会变革，打破原有组织定势，为建立新的组织模式扫清障碍。

⑨实施变革。

第三节　经济管理的原则

经济管理的原则，是指经济管理者在经济管理基本原理的指导下，在经济管理的实践中总结出来的，在经济管理活动中必须遵循的行为规范，是经济管理基本原理的体现。

一、整分合原则与相对封闭原则

经济管理的整分合原则与相对封闭原则是经济管理系统原理的具体化、规范化。经济管理的系统原理认为，应将组织作为开放性系统来进行管理，要求经济管理从组织整体的系统性出发，按照系统特点的要求从整体上把握系统运行的规律，对经济管理各方面内容做系统的分析，进行系统的优化，并根据组织活动的效果和社会环境的变化，及时调整和控制组织系统的运行，最终实现组织目标。

（一）整分合原则

整分合原则指的是"整体把握、科学分解、组织综合"，是在分工基础上进行有效的综合，形成目标树，明确各个人员的权力范围和责任，科学、有效地组织开展计划，保证任务的完成。

在整分合原则指导下，经济管理活动一般要经过整体目标确立、系统分解、综合协调三个步骤。首先，从整体上把握系统的环境，分清系统的整体性质、功能，确定总体目标；其次，围绕总目标进行多方面的合理分解、分工，以构成系统的结构与体系；最后，对各要素、环节、部分及其活动进行系统综合，协调管理，形成合理的系统流程，以实现总目标。整分合原则要求经济管理必须有分有合，先分后合。

（二）相对封闭原则

任何社会组织都是一种开放系统，系统内部与外界环境存在物质、能量、信息的交换。但是，一个组织经济管理系统的经济管理过程必须构成相对连续封闭的回路，内部各个环节、部分必须有序衔接、首尾相连，形成螺旋式开放的循环，周而复始地进行。这种相对封闭的经济管理方式，可以使经济管理系统内部的各要素、各子系统有机衔接，相互促进，保证经济管理活动有效开展。这就是经济管理的相对封闭原则。

在相对封闭原则指导下，经济管理活动由对内和对外两部分组成。在经济管理系统内部，各个部分、各个环节必须首尾相连，形成回路，使各个部分、各个环节的功能作用都能充分发挥；在经济管理系统外部，任何相对封闭的系统又必须具有开放性，与相关系统有输入、输出关系。

二、反馈原则与弹性原则

反馈原则与弹性原则源于经济管理的动态原理。

经济管理的动态原理有两个方面的含义：第一，经济管理组织内部固有的结构、功能及运行状态会随着内部各要素及其他条件的变化而变化；第二，经济管理组织作为更大系统的子系统，具有随着大系统的运动、变化而运动、变化的特点。

经济管理的动态原理具有适应性和有序性。适应性要求经济管理必须研究内外部环境的变化并努力适应其变化，有序性要求经济管理要按照一定的规律有序地进行。

（一）反馈原则

经济管理的动态原理给经济管理组织提出了必须适应内外部环境变化的动态要求。这种要求体现在：任何一个经济管理组织都必须对环境变化和行动结果进行追踪，及时了解行动的发展动态。同时，把行动结果与原来的目标进行比较，找出差距并及时纠正，以确保组织目标的实现。这种为了实现一个共同目标，将行为结果返回决策机构，使因果关系相互作用，实行动态控制的行为原则，就是经济管理的反馈原则。经济管理的反馈原则要求加强信息的接收、分析与综合，以及反馈控制。

（二）弹性原则

经济管理的弹性原则是指在经济管理活动中，为了适应内部和外部环境的不确定性和变化，管理者在制定目标、计划、策略等方面应保留充分的余地和弹性，以增强组织的可靠性和对未来态势的应变能力。随着社会经济的发展，经济管理组织的环境日益复杂，同时，经济管理组织与环境之间的相互依赖关系也日益密切。组织为了生存与发展，客观上要求加强经济管理弹性，在经济管理的各方面都留有可调节余地，在不确定因素发生时，能灵活、机动地进行调节。

三、能级原则与行为原则

能级原则和行为原则基于经济管理的人本原理，都以发挥人的作用为核心内容。

所谓人本原理，是指从经济管理的角度对人的本质属性进行探讨。人本原理强调人在经济管理中的核心地位和作用，把人的作用放在首位。人本原理要求管理者在一切经济管理活动中都要重视处理人与人之间的关系，充分调动人的主动性和创造性，把做好人的管理工作作为经济管理的根本，使经济管理对象明确组织的整体目标以及个人所担负的责任，自觉并主动地为实现组织的整体目标而努力工作。

（一）能级原则

能级原则是指经济管理的组织结构与组织成员的能级结构必须相互适应和协调，这样才能提高经济管理效率，实现组织目标。经济管理的能级原则要求经济管理必须按层次进行，并且要求组织形态具有稳定性，人员的权力、责任和利益必须与能级相对应。只有这样，才能将具有不同能力的人进行科学的组合，达到最优的效果。

具体来说，能级原则的应用包括：①根据管理对象的能力性质和大小进行管理，以充分发挥其作用，有效地实现经济管理目标。②经济管理活动的进行和经济管理目标的实现，需要多种类型、具有多种能力的人才。③科学地将人员安排在相应的职位上，最大限度地做到人尽其才，各尽其职，并在组织内保持协调，提高经济管理效率，实现组织目标。

（二）行为原则

行为原则是指经济管理者通过对组织成员的行为进行科学的分析，探寻最有效的经济管理方法和措施，以求最大限度地调动人们为实现整体目标而努力的积极性。经济管理的行为原则要求经济管理者既要探讨人的行为共性，即普遍性的一面，科学地归纳组织成员的共同行为规律，又要研究个体行为的差异性，即特殊性的一面，以便其能开展不同的经济管理活动，获得经济管理实效。

第二章　经济管理的目标与方法

第一节　经济管理目标

一、经济管理目标的内涵

目标是目的或宗旨的具体化，是各项活动所指向的终点，是一个组织或一个人在一定时期内希望通过奋力争取而获得的结果。每一个组织或个人都有自己的目标，倘若没有目标，组织或个人的发展就会失去方向和动力。当然，由于所从事的活动内容和所处系统的层次不同，不同的组织或个人的目标是各不相同的。

经济管理目标就是经济组织的目的或宗旨的具体化，是一个经济组织在分析外部环境和内部条件的基础上确定的，在一定时期内各项经济活动的发展方向和奋斗目标。经济管理目标为经济组织的决策指明了方向，是经济组织计划的基础。

传统的经济组织把利润最大化作为经济管理目标，在完全竞争的市场环境中，经济组织在追求自身利益最大化的同时，通过市场这个"看不见的手"的作用，实现资源配置的优化，从而实现全社会的公共利益最大化。而面对现代社会日趋变化的经济环境，经济组织的经济管理目标不仅在于实现利润最大化，保护环境、稳定就业、维护社会公平等也成为现代经济组织的经济管理目标。

二、经济管理目标的分类

在现代社会，经济管理目标是衡量经济组织履行其使命的标志，单一的目标无法对经济管理的结果进行全面衡量，必然存在一个相互联系、相互支持的目标体系。

（一）按经济管理目标的内容划分

经济管理目标的内容和重点随着外界环境以及经济组织自身的经营思想和优势的变化而变化。经济组织作为市场竞争的主体，随着市场竞争环境的变化，出于对自身核心能力的考虑，经济组织确定的经济管理目标的内容及重点会有所不同。一般来说，经济管理目标的基本内容主要包括社会目标、市场目标、发展目标、利益目标。

1.社会目标

经济组织的社会目标是指经济组织为社会提供的产品和服务的品种、质量、数量，以及在生产过程中对生态环境保护和社会公益事业作出的贡献等。社会目标是经济组织在市场竞争中得以生存的基础，体现了经济组织与外部环境之间的联系，即经济组织从社会获得一定的资源，又为社会提供一定的服务和产品。

2.市场目标

经济组织的市场目标是指经济组织在经营活动方面应获得的成果。市场目标不仅包括经济组织占有国内市场的广度，也包括经济组织的产品和服务在国际市场上的竞争力。

3.发展目标

经济组织的发展目标是经济组织发展的使命和宗旨，体现了经济组织存在的价值，反映了经济组织的价值观。发展目标通常包括经济组织在推进技术、提高质量、扩大市场、开发人才等方面应取得的成果。

4.利益目标

经济组织的利益目标是指经济组织在物质利益方面应实现的目标，可用利润总额、销售利润率、工资增长率等指标对组织的利益目标进行衡量。利益目标是经济组织经营活动的内在动力，是经济组织生存和发展的基本条件，是衡量经济组织经营活动效果的基本尺度，也是经济组织实现其他目标的前提和基础。

（二）按经济管理目标在不同时期的战略重点划分

在不同的历史时期，经济组织所面临的环境条件不同，需要解决的主要问题也不同，因此，经济组织的经济管理目标会有不同的战略重点。基于战略重点的不同，经济组织的经济管理目标可分为战略目标和战术目标。

战略目标是经济组织在一个较长的时期内的发展方向和规模的总体目标。每一个经济组织在其发展的不同历史时期，均有不同的战略目标。战略目标主要可以分为成长性目标、稳定性目标和竞争性目标。成长性目标体现的是经济组织的进步和发展水平，成长性目标的实现，标志着经济组织经营能力有了明显的提高。稳定性目标体现的是经济组织的经营状况是否安全，经济组织有没有亏损甚至倒闭的危险。竞争性目标体现的是经济组织的竞争能力和品牌形象。具体来看，成长性目标的评价指标主要包括经济组织的销售额及其增长率，利润额及其增长率，资金总额，生产能力。稳定性目标的评价指标主要包括经济组织的经营安全率、利润率、支付能力。竞争性目标的评价指标主要包括经济组织的市场占有率和产品质量名次。

战术目标是保证战略目标实现的近期具体目标，也是组织内主要机构或部门所期望取得的成果，一般应用于中层管理。战术目标与战略目标相对应，是部门、工作团队、个体所期望获得的具体成效。

（三）按经济管理目标的考核性质划分

按考核性质的不同，可以将经济管理目标分为定量目标和定性目标。定量目标是指能够用时间、数量、质量等量化的具体指标进行描述的经济组织希望通过努力达到的结果。定量目标通常与经济组织的具体指标相关，如利润、产量、产值、利润率、成本等。这些指标用于衡量经济活动的效率和效果，是经济管理活动中常用的目标类型。

相比定量目标，定性目标更加关注非量化但同样重要的方面，如组织的品牌形象、市场竞争力、客户满意度等。这些目标虽然难以用具体的数字来衡量，但同样对经济组织的长期发展至关重要。

（四）按经济管理目标所要达到的水平划分

按照经济管理目标所要达到的水平的不同，可将经济管理目标分为突破性目标和控制性目标。突破性目标是指使经济组织的生产水平或经营活动水平达到前所未有的水平的目标。这种目标通常反映经济组织在某方面应达到的新的高度，比如提高产品质量、增加产量、降低生产成本等，旨在推动经济组织在某个领域取得显著的进步或成就。

控制性目标是指使经济组织的生产水平或经营活动水平维持现有水平的目标。这种目标侧重维持现状，确保经济组织的日常运营和管理活动不会出现大的波动，保持稳定的发展态势。控制性目标通常表现为经济组织维持现有的产品质量、生产效率、市场占有率等，以确保经济组织的稳定运营和维持客户满意度。

（五）按经济管理目标的管理层次划分

任何经济组织的经济管理目标都不是单一存在的，而是存在于一定的经济管理目标体系中。在这个经济管理目标体系中，总目标可以分解为各个层次的子目标或分目标，并且在经济组织内部，各子目标或分目标都有相应的管理层次。各个层次的目标仍可进一步分解，并落实到内部各个部门，甚至能够将具体的目标落实到个人，这体现了经济管理目标的层次性。

在不同时期，经济组织的经济管理活动都应有一个重点战略目标，也就是总体目标，它是一切经济活动的立足点和出发点。这个总体目标又可以划分为若干中间目标，如质量目标、市场销售目标等。每个中间目标又可以划分为若干具体目标，如质量目标可分为产品质量目标、服务质量目标等。具体目标是靠员工的劳动实现的，因而具体目标还可以划分为不同岗位上员工的个人目标。管理层次的差异决定了经济管理目标体系的垂直高度，各层次的经济管理目标构成了一个有层次的目标体系。

在经济管理目标体系中，上下层次目标之间的关系是：上层次目标是下层次目标的立足点和出发点，对下层次目标有制约和规定作用，上层次目标的实现程度依赖于下层次目标的实现程度；下层次目标是上层次目标的具体化发展，为上层次目标的实现而服务，下层次目标的实现是实现上层次目标的手段。同一层次的不同目标形成横向的有机联系，使各环节、各部门的经营活动紧密衔接。同时，上下层次目标之间、同一层次不同目标之间，也存在着相互矛盾、不一致和不和谐的一面。在确定经济管理目标时，组织要注意各个目标的一致性和协调性，并注意处理不同目标之间的矛盾。

（六）按经济管理目标实现的时间划分

按实现的时间不同，可以将经济管理目标分为短期目标、中期目标和长期目标。短期目标通常在一年内实现，是中、长期目标的基础。短期目标通常是具体的、可衡量的，实现短期目标对于组织的日常运作至关重要。中期目标一般指一年以上五年以内的目标，它介于短期目标和长期目标之间，为长期目标的实现提供了阶段性参考。中期目标通常更加注重战略规划和组织结构的调整，以确保长期目标的实现。长期目标则是五年以上的目标，它表达了组织的愿景，通常是关于品牌建设、市场扩张、技术创新等的长远规划。

三、经济管理目标的重要性

（一）指明方向

经济管理目标反映一个经济组织追求的价值，是衡量组织经济管理活动水平的标准，也是经济组织生存和发展的意义所在。从某种意义上说，经济管理目标具有统一思想，协调集体活动，促使全体员工为达到同一个目标而努力的作用，明确经济组织在各个时期的经营方向和奋斗目标，能够使经济组织的生产经营活动重点突出、方向明确。

（二）激励员工

经济管理目标是一种激励经济组织成员的力量源泉。从组织成员个人的角度来看，经济管理目标的激励作用具体表现在两个方面：一是只有明确了目标，才能调动起组织成员个人的潜在能力，使其尽力而为，创造出最佳成绩；二是个人只有在达到了目标后，才会产生成就感和满足感。合理先进的经济管理目标，能调动每个员工的积极性，并使其得到有效的发挥，起到激励员工的作用。

（三）凝聚力量

经济组织是一个社会协作系统，必须具有凝聚力。一盘散沙的经济组织难以发挥作用，无法长期存在。经济组织的凝聚力大小受到多种因素影响，其中一个因素就是经济管理目标。当组织的经济管理目标充分体现了组织成员的共同利益，并能够与组织成员的个人目标保持一致时，就能极大地激发组织成员的工作热情和创造力。

（四）提供考核标准

经济管理目标是考核管理人员绩效的客观标准，同时也为考核员工绩效提供了参照。大量管理实践表明，没有客观标准的考核是不科学的，不利于调动管理人员参与经济管理活动的积极性。在经济管理活动中，有效的考核应当是基于明确的标准进行的。

（五）统筹协调

经济组织在进行管理活动时，运用各项现代管理技术和管理方法，推动管理现代化。现代化管理技术和管理方法多种多样，都是以经济管理目标为主轴，与经济管理目标相辅相成的。组织制定科学明确的经济管理目标，能够统筹协调各项管理技术，促使经济管理科学化、系统化、标准化、民主化、公开化。

（六）动态平衡

经济组织在反复权衡内部条件和外部环境，并科学预测和把握外部环境发展趋势的基础上确定的经济管理目标，既能在一定时期、一定范围内适应环境发展趋势，又能使经济组织的经济管理活动保持稳定性和连续性，使经济组织获得长期、稳定、协调的发展。通过不同层次经济管理目标的纵横衔接与平衡，经济组织能够以总体战略目标为中心，把经济组织各个部门的生产经营活动串联成一个有机整体，产生一种向心力，使各项生产经营活动相互协调，从而提高管理效率和经营效果。总之，经济管理目标有助于经济组织的经济管理活动实现动态平衡。

四、经济管理目标制定

（一）经济管理目标制定的原则

经济管理目标过高或过低，对开展经济管理活动都是不利的。经济管理目标定得过高，难以完成，会挫伤员工的积极性；相反，经济管理目标定得过低，又会影响员工积极性的发挥。为了制定科学合理的经济管理目标，组织必须遵循一定的原则。

1.战略性原则

对于经济组织来说，进行经济管理活动的最终目的是求得生存和发展。经济管理目标是经济组织的发展战略取向，只有体现经济组织发展战略的经济管理目标才是有效的。因此，确立经济管理目标时，首先要明确组织的发展战略，即坚持战略性原则。战略性原则要求组织在制定经济管理目标时，考虑下列问题：本经济组织是一个什么样的经济组织？将来准备发展成一个什么样的经济组织？

2.关键性原则

经济组织在各个时期、从不同层面上确立的经济管理目标很多，在某一特定发展时期，所强调的目标重点也不相同，即经济管理目标有主次之分。因此，经济组织在制定经济管理目标时，要确保每个时期的总体目标都能够突出有关经济管理活动成败的重要问题，以及决定经济组织长期发展的全局性问题，要确保在经济管理目标的指导下，组织能够集中力量完成关键任务。此外，关键性原则还要求经济组织分清目标的主次，不可把次要目标或战术目标列为经济组织的总体目标或战略目标，避免滥用资源、本末倒置、因小失大。

3.可行性原则

确定经济管理目标是为了通过实施一系列经济管理活动，最终实现这个目标。因此，目标应具有可行性，确保可以如期实现。

经济管理目标的制定要建立在对内外环境进行全面分析的基础上。制定经济管理目标时，经济组织应全面分析自己可以利用的一切资源条件，既要保证经济管理目标的科学性，又要保证其可行性，不能凭主观想法把经济管理目标定得太高，脱离实际。同时，也要科学估计经济组织的创造性经营结果，不能忽视主观能动性的作用，而把经济管理目标定得过低。

4.可衡量性原则

经济管理目标为后续编制目标实施计划奠定基础，因此，经济组织必须保证经济管理目标具有可衡量性，尽可能使目标具体化、定量化，便于实施和考核，不能把目标变成空洞、抽象的口号。

5.一致性原则

在多样化的经济管理目标中，总会出现某些目标之间不一致、不协调的情况。为了避免目标之间的矛盾，导致经济管理失效，经济组织在制定经济管理目标时，应尽可能在多重目标之间进行综合平衡，协调多重目标之间的矛盾冲突，使不同层次的目标之间、同一层次的不同目标之间协调一致，形成科学有效的目标体系，确保分目标实现的同时，经济组织总体目标也必然实现。同时，把长期目标和短期目标相结合，保持组织长期发展的力量，防止只顾眼前利益，不顾长远发展。

6.激励性原则

富有挑战性的经济管理目标是组织成员通过努力可以达到的目标，能使每个成员对目标的实现都抱有极大的希望，增强成员完成目标的信心，从而使每个成员都把自己的力量全部发挥出来。为了使经济管理目标具有挑战性，在制定经济管理目标时，组织应充分考虑内外环境的影响，综合考虑组织实现经济管理目标所需的条件，明确规定实现目标的时间。

7.灵活性原则

经济组织的外部环境和内部条件都是不断变化的，因此经济管理目标也应具有一定的灵活性，不能一成不变。经济组织要根据客观条件的变化，基于新形势的要求，及时调整与修正经济管理目标。

8.协商性原则

在经济组织结构内部，上下级之间围绕经济管理目标的分解与落实所进行的思想交流和意见商讨，称为目标协商，体现了经济管理目标制定的协商性原则。经济管理目标协商可以使目标体系保持上下统一，消除各级管理人员的意见分歧，加深对目标的理解，调动各层级人员的主动性、积极性和创造性，保证总目标和分目标的实现。上级主管根据情况初步确定目标后，不能硬塞给下级，这样很难激发下级人员完成目标的责任感，也难以获得来自下级的重要建议。

（二）经济管理目标制定的过程

1.确定总体目标

制定经济管理目标的过程，实际上是一个完整的决策过程，包括制定经济管理目标前后需要进行的大量工作。一般来说，制定经济管理目标时，首先应确定总体目标。确定总体目标的步骤如下：

（1）掌握相关信息

经济组织要全面收集、调查、了解、掌握组织外部环境和内部条件的相关资料，并将这些资料信息作为确定经济管理总体目标的依据。

（2）拟定总体目标方案

经济组织要在对上述资料信息进行系统分析的基础上，提出总体目标方案。方案应明确该总体目标的实现将推动经济组织取得怎样的成果，达到什么目的，对国家、集体、个人将起到什么作用等。一般来说，经济组织拟定的总体目标方案应有若干个，以供后续比较、鉴别、选择。

（3）评估总体目标方案

对拟定的总体目标方案进行分析论证的过程如下：

第一，限制因素分析。分析实现目标方案的各项条件是否具备，包括时间、资源、技术及其他各种内外部条件。

第二，效益分析，对于每一个总体目标方案，经济组织都要综合分析该方案所带来的经济效益及其对社会、自然生态的影响。

第三，潜在问题分析。对实现目标方案时可能出现的问题、困难和障碍进行预测，确定问题发生的可能性及原因，有无预防措施或补救措施，可能带来的后果等。

（4）选择最优方案

经济组织要在评估总体目标方案的基础上，从中选出最优的目标方案。此外，在方案选择过程中，经济组织应全面权衡方案的利弊得失，有时还需要对方案进行必要的修改和补充，或在原方案的基础上设计新的方案。

2.目标分解

目标分解是指经济组织将已经确定的经济管理总目标分解成中间目标、具体目标、个人目标，使经济组织内部所有员工都能接受目标，并且在完成目标的过程中承担自己应承担的责任。

在对经济管理目标进行分解时，经济组织要注意以下几点：①经济管理目标体系的逻辑要严密，形成纵横网络，体现出由上而下越来越具体的特点；②目标分解要突出重点，与经济管理总目标无关的工作目标不必列入各级分目标；③要鼓励员工积极参与经济管理目标分解。

3.确定目标责任

明确经济管理目标责任是经济管理目标制定过程中的一个重要环节。其基本要求是：根据每个岗位的目标或员工的个人目标确定责任，使每个岗位、每个员工都明确自己在实现经济管理目标过程中应负的责任。这就是说，每个员工都要了解经济管理目标，认清自身目标，明确自己应该做什么、怎么做、做到什么程度、达到什么要求，要努力使责任指标化，便于执行、考核和检查。确定目标责任的过程，实质上就是为每一个目标执行者确定目标的实现路径，使各级目标与执行者的责任紧密结合起来。

第二节　经济管理方法

一、经济管理方法的含义与特征

（一）经济管理方法的含义

经济管理方法是管理者为了达到组织预定的经济管理目标，注重经济效益，在发挥各种管理要素作用的基础上采取的有效工作方式或手段。经济管理方法是实现组织目标的中介和桥梁，对于提高管理效率，实现组织目标，具有非常重要的意义。

（二）经济管理方法的特征

经济管理方法的特征主要包括利益性、交换性、关联性、间接性、有偿性、平等性。

  1.利益性

经济管理方法主要利用人们对经济利益的需求来引导被管理者，通过满足人们对物质利益的需求来发挥经济管理职能，实现经济管理目标。

  2.交换性

经济管理以交换为前提，管理者运用报酬手段引导被管理者完成任务，体现了利益交换原则。

  3.关联性

经济管理方法的实施会影响到经济管理活动过程中相关经济组织和个人的一系列经济活动，同时也会影响到其他经济组织和个人的经济活动，体现了其广泛的关联性。

  4.间接性

与直接干预不同，经济管理方法通过对经济利益的调节来间接影响经济组织和个人的行为。

5.有偿性

经济管理方法根据利益交换原则，实行有偿交换。

6.平等性

在经济管理中，各经济组织和个人在获取经济利益的权利上是平等的，不承认特权和特殊阶层。

二、经济管理的基本方法

经济管理的方法有很多，根据不同的标准，经济管理方法的分类也不同，本书以经济管理方法作用原理的不同为依据，介绍常见的经济管理的基本方法。这些基本方法适用于大多数经济组织，但对于经济组织来说，必须结合自身实际，灵活地对这些方法加以运用。

（一）经济方法

经济方法是管理者根据客观经济运行规律，在利益驱动下，利用各种经济杠杆，调节被管理者的物质利益，从而促进组织目标实现的方法。在社会主义市场经济条件下，经济方法符合"经济人"利益，体现了物质利益规律的要求，是经济管理方法中最基本、最常用的方法之一。

1.经济方法的特点

（1）利益驱动性

被管理者在经济利益的驱使下会做出管理者所预期的行为，这体现了经济方法的利益驱动性。

（2）普遍性

经济方法被整个社会广泛采用，适合大多数经济组织的经济管理活动。尤其是在一国经济处于发展阶段时，经济方法会得到更加广泛的使用。

（3）持久性

作为经济管理最常用的基本方法之一，经济方法被长期采用，而且只要科学运用，其作用也是持久的。

（4）平等性

经济方法承认被管理的组织或个人在获取经济利益方面是平等的。社会按照统一的价值尺度来计算和分配经济成果，各种经济手段对于具有相同情况的被管理者起同样的作用，不允许有特殊。

（5）灵活性

一方面，经济方法针对不同的管理对象，可以采用不同的手段。另一方面，对于同一管理对象，在不同情况下，也可以采用不同的手段来进行管理，以适应经济形势的发展。

2.经济方法的形式

经济方法的形式很多，常用的有价格、利率、税收、利润、工资、奖金、罚款，以及定额管理、经济核算、经营责任制等。

（1）价格

价格用于描述商品的价值，是价值的具体体现，是计量和评价劳动的社会标准。商品的价格直接、动态地反映市场中该商品及相关商品的供需状况。但在特殊情况下，国家为了实现特定的经济目标，会提出强制性的计划价格（如最低限价和最高限价等），以此调整生产者和消费者的经济利益，影响生产和消费行为。

（2）利率

利率是国家在宏观调控中调节信贷总量最为直接、有效的经济杠杆。一般而言，降低利率可以促进消费和投资，提高利率则可以抑制过度消费和投资。银行吸收社会闲散资金，并把资金以贷款的形式发放给需要资金流通的生产经营组织。利率的调整直接影响到银行能吸收多少社会闲散资金，以及生产经营组织愿意贷款的额度。

（3）税收

税收是国家取得财政收入的主要形式，也是国家财政政策常用的调节手段。国家根据需要，按照各经济组织和个人的经济收入额、产品流转额及特定经济行为，合理制定不同的税种和税率。此外，国家利用税收优惠政策等形式调节生产和流通，调节企业的利润水平，使社会经济的内部结构、发展趋势、活动规模等趋于合理。

（4）利润

利润是反映组织经济效益的综合指标。一般来说，利润的多少决定着经济组织能否发展和延续。在管理实践中，组织通常把一定的经济责任、经济权限、经济利益和利润指标紧密结合在一起，并把部门或个人的责任和利益挂钩。

（5）工资

工资是一种基本的劳动报酬形式。作为经济管理的方法之一，工资直接关系到组织各成员的物质利益。正确使用工资这一经济方法，对于调动组织成员的积极性有着直接的促进作用。

（6）奖金与罚款

奖金是对组织成员工作的肯定和鼓励的一种形式。发放奖金能在一定程度上调动员工的积极性。罚款是当组织成员给组织造成损害时，组织对该成员进行的经济惩罚。对成员进行罚款可以制约成员的行为，减少对组织的损害，保证组织正常运作。

奖金和罚款不能滥用，在运用奖金与罚款这两种经济方法时，经济组织既要防止平均分配奖金的做法，又要防止用罚款代替管理的倾向。发挥奖励与惩罚的作用，关键在于严明，该奖即奖、当罚则罚，只有这样，才能使奖金与罚款真正成为有效的管理手段。

此外，定额管理、经济核算、经营责任制等也是经常采用的经济方法，由于篇幅有限，此处不再展开论述。

需要注意的是，经济组织在运用各种经济方法时，要重视整体上的协调配合。如果忽视整体，孤立地运用单一方法，往往不能取得预期的效果。

（二）行政方法

行政方法，是指依靠组织的行政权威，运用命令、规定、指示、条例等行政手段，根据行政系统的层次，以组织的政治权威为前提，直接领导、指挥和协调下属工作的管理方法。行政方法的实质是通过组织中的行政职务和职位来进行管理，特别强调职责、职权、职位，而并非个人的能力或特权。任何部门、单位都会建立起若干行政机构来进行经济管理，这些行政机构都有严格的职责和权限范围。行政方法是通过一系列行政措施，如表扬、晋升、降级、任务分配、工作调动、批评、警告、记过、撤职等作为保证来执行的。

1.行政方法的特点

（1）强制性

行政方法依靠行政权威强制被管理者履行其职责。行政方法的强制性程度仅次于法律方法。

（2）直接性

行政方法是采取直接干预的方式进行的，其作用明显、直接。

（3）垂直性

行政方法是通过行政系统、行政层次来实施的。行政方法反映了明显的上下级行政隶属关系，是完全垂直领导的。也就是说，行政指令一般都是自上而下，通过直线职能部门逐级下达、执行的。

（4）无偿性

行政方法是无偿的，不直接与报酬挂钩。

2.行政方法的形式

在经济管理活动中，行政方法的主要形式有命令、规定、指示、制度、纪律、计划等。

命令：通过发布行政命令，上级对下级进行直接指挥，确保经济活动的执行符合管理要求。

规定：制定具体的规定，规范经济管理活动的操作流程和标准，以保证活动的有序进行。

指示：上级向下级提供具体的指导或建议，帮助下级更好地理解和执行经济管理任务。

制度：建立和完善相关制度，为经济管理活动提供稳定的框架。

纪律：通过纪律要求，确保经济管理活动的参与者在参加活动的过程中遵守规定，维护活动的秩序。

计划：制定详细的计划，明确经济管理的目标和步骤，指导整个经济管理过程。

3.行政方法的应用

行政方法是组织实现经济管理目标的重要手段，管理者合理运用行政方法进行经济管理，有利于更好地贯彻方针政策，促进组织内部的统一协调；有利于对经济管理活动进行有效控制；有利于快速地处理、解决特殊问题。管理者在应用行政方法时应注意以下几个问题：

第一，管理者必须充分认识到行政方法的本质是服务。服务是行政管理的根本目的，这是由经济管理的实质、生产的社会化以及市场经济的基本特点决定的。行政方法如果不以服务为目的，必然导致官僚主义、以权谋私、玩忽职守等问题。

第二，行政方法的效果受管理者的知识、能力和领导水平的制约，合理运用行政方法，对管理者各方面的素质具有很高的要求。

第三，信息资源在运用行政方法的过程中至关重要。首先，管理者驾驭全局、统一指挥，必须及时获取组织内外部有用的信息，并以此为基础作出正确决策，避免管理工作的失误。其次，上级要迅速、准确地下达行政命令、规定或指示，还要把收集到的各种反馈信息和预测信息发送给下级，供下级决策时参考。总之，运用行政方法，要求有一个有效的信息管理系统。

（三）法律方法

法律方法是指国家立足于广大人民群众的根本利益，通过制定各种法律、法规、条例，以及开展司法工作，调整组织的各种关系，规范和监督组织及其成员的行为，保证和促进社会经济发展的经济管理方法。法律方法的实质是体现全体人民的意志，并维护他们的根本利益，代表他们对社会经济、政治、文化活动实行强制性的、统一的管理。法律是所有经济组织和个人行动的统一准则，对所有经济组织和个人具有同等的约束力。

1.法律方法的作用

法律方法对建立和健全科学的经济管理制度具有十分重要的作用，主要表现在以下几个方面：

（1）保证必要的管理秩序

经济管理系统内外部存在各种社会经济关系，管理者只有通过法律制度才能公正、合理、有效地对这些经济关系加以调整，并及时排除各种不利因素的影响，保证社会经济秩序的正常运行，为经济管理活动提供良好的内外部环境。

（2）调节管理要素之间的关系

根据经济管理对象的特点和经济管理任务的不同，对不同管理要素在整个经济管理活动中应起的作用进行合理规定，这是法律方法自动调节功能的体现。

（3）将管理活动纳入规范化、制度化轨道

法律方法的运用，有助于以法律的形式将那些符合客观规律、行之有效的管理制度和管理方法规范化、条文化、固定化，使人们有法可依，严格执行法律制度，保证管理系统有效运转。

2.法律方法的特点

（1）高度强制性

法律方法的强制性大于行政方法。法律、法规一经制定就应得到强制执行，各经济组织和个人都必须毫无例外地遵守，若做出违反法律法规的经济行为，要受到国家强制力量的惩处。

（2）规范性

法律和法规都使用极严格、规范的语言，准确阐明一定经济行为的含义，并且只允许对该经济行为作出一种解释。法律与法规之间不会出现互相冲突的解释。

（3）严肃性

法律和法规的制定必须严格按照规定的程序进行，并且一旦制定和颁布，就具有相对的稳定性。法律和法规不可因人而异、滥加修改，必须保持严肃性。

3.法律方法的形式

在经济管理活动中，法律方法主要有立法、司法和法律教育等形式。

（1）立法

立法即制定法律，目的在于使经济管理活动有法可依。立法是法律方法最主要的形式。立法是一个复杂的过程，国家除了要明确规定立法机构和立法权限，还要确定严格的立法程序，以保证法律的严肃性和合理性。一般来说，立法程序包括法律草案提出、法律草案审议、法律草案通过和法律公布四个步骤。

（2）司法

司法是由司法机关按照诉讼程序，应用法律规范审理案件、处理各种纠纷的活动。司法机关依据法律，通过司法制裁、强制执行等方式，阻止违法活动，并给予当事人一定的惩罚。

（3）法律教育

国家对公民进行广泛而深入的法律教育，能有效强化人们的法治观念，增强人们遵纪守法的自觉性。法律教育还有利于发挥事前引导和预防功能，有利于及时阻止人们的违法犯罪行为。

（四）社会心理方法

社会心理方法是指管理者借助社会学和心理学原理，运用教育、激励、沟通等手段，通过满足管理对象的社会心理需要的方式，调动其参与经济活动的积极性的方法。

1.社会心理方法的特点

（1）自觉自愿性

社会心理方法通过各种社会学和心理学手段，使被管理者内心受到激励，从而自觉自愿参与实现经济管理目标的活动，不带有任何强制性。

（2）持久性

社会心理方法基于科学的社会学和心理学原理，作用持久，没有较大的负面影响。

（3）灵活性

社会心理方法的运用方式具有灵活性。在经济管理活动中，管理者普遍认识到，对于被管理者在思想层面上出现的问题，必须采取讨论、说理、批评和自我批评等方法进行疏导，而不应依靠粗暴的训斥、压制或是惩罚来解决问题。国内外许多经济组织在经济管理实践中探索出了多种行之有效的社会心理方法，如案例分析法、业务演习法、事件过程分析法、角色扮演法、敏感性训练法等，这些方法都能产生较好的效果，可见，社会心理方法灵活方便，讲求实效。

2.社会心理方法的形式

社会心理方法的形式主要有宣传、教育、思想沟通、激励等。其中，教育是按照一定的目的、要求，对受教育者从德、智、体、美、劳等方面施加影响的一种有计划的活动。社会的高速发展使人类的知识更新速度加快，对组织成员不断进行教育，已经成为现代经济管理的基本方法之一。常见的教育形式有以下几种：

（1）科学文化教育

科学技术是第一生产力，普及科学文化知识是提高组织成员科学技术水平和思想道德觉悟水平的重要方式，也是企业进行生产经营活动的重要前提。在推进经济高质量发展的过程中，科学技术越来越成为促进经济组织生产发展、提高经济组织竞争能力的重要力量。

（2）组织文化建设

组织文化是组织成员在较长时期的生产经营实践中逐步形成的价值观、信念、行为准则及具有相应特色的行为方式、物质表现的总称。组织文化是组织成员内在的思想观念与外在的行为方式的统一。经济组织应通过组织文化建设来创造有利于成员素质不断提高的环境。组织文化建设的指导思想必须突出经济管理以人为本的原则，把尊重人、关心人、理解人、培养人、合理使用人作为组织文化建设的主要内容。经济组织应采用教育、启发、诱导、吸引、熏陶和激励等多种方式，培养员工的共同使命感、工作责任感、事业开拓感和集体荣誉感，使员工形成正确的价值观念、道德规范和行为准则，促使每个人都能把内在潜力和创造力最大限度地发挥出来。一个具有独特组织文化的经济组织，必然充满生机和活力。

（3）民主教育、纪律教育

在经济管理活动中，管理者不仅要充分考虑到组织成员的利益，而且应当通过各种方式对组织成员进行民主教育，鼓励组织成员正确行使权力，激发组织成员对企业的经营活动进行监督的积极性。此外，民主参与的程度和方式是有限度和有条件的，因此，经济组织成员参与经济管理活动应当遵守一定的纪律。

三、经济管理方法的综合应用

各种经济管理方法各有优势和不足，只有对这些方法深入分析、综合运用，才能使其在经济管理实践中积极发挥作用。综合运用各种经济管理方法时，应注意以下几点：

（一）使管理方法符合客观规律的要求

在经济管理实践中，要不断完善各种经济管理方法，使管理方法更加科学有效，更加符合客观规律的要求，更好地体现经济管理机制的作用。

（二）掌握各种方法的性质和特点

管理者在决定采用某种经济管理方法之前，必须首先了解该方法产生作用的客观依据是什么、一般作用于哪些方面、能否产生明显的效果等；必须了解各种经济管理方法本身的性质、特点与局限性，以便正确、有效地加以运用。

（三）提高经济管理方法的针对性

经济管理方法是经济管理者作用于管理对象的方式或手段，管理效果的好坏不但取决于方法本身，还取决于管理者和管理对象双方的性质与特点。在进行经济管理活动时，既要研究管理对象，也要研究管理者本身，只有这样，才能使经济管理方法既适用于管理对象，又有利于管理者优势的发挥，从而增强管理方法的针对性，提高管理效果。

（四）使经济管理方法与环境相协调

环境是影响经济管理方法成效的重要因素，因此，管理者在选择与运用经济管理方法时，一定要认真了解环境条件，使经济管理方法与所处环境相协调，从而更有效地发挥经济管理方法的作用。

（五）系统运用各种方法，实现整体协调

不同的经济管理方法各有优势和不足，没有哪种方法是绝对适用于一切经济管理活动的，也没有哪项经济管理活动是只依靠一种方法就取得成功的。管理者要科学有效地运用经济管理方法，根据经济管理目标和实际需要，灵活地选择管理方法，综合地、系统地运用各种经济管理方法，实现整体协调。

第三章　经济管理环境
与经济管理战略

第一节　经济管理环境

一、经济管理环境的含义与构成

（一）经济管理环境的含义

任何经济组织都是在一定环境中从事活动的，任何经济管理活动也都要在一定的环境中进行，这个环境就是经济管理环境。倘若把经济组织比作生物有机体，那么，经济管理环境就是指经济组织生存和发展的土壤；倘若把经济组织比作演员，那么，经济管理环境就是经济组织开展生产经营活动的舞台，也就是它开展生产经营活动的广阔空间。经济管理环境是影响经济组织生存和发展的物质条件的综合体，是存在于一个经济组织内外部的影响组织业绩的各种力量和条件因素的总和。

（二）经济管理环境的构成

经济管理环境的构成是复杂的，可以从不同的角度进行分析。从范围上划分，经济管理环境由外部环境和内部环境构成。其中，外部环境按其对经济组织发挥作用的形式，又可分为间接环境和直接环境。常见的间接环境因素包括政治法律因素、宏观经济因素、社会文化因素、信息资源因素、科学技术因素、自然环境因素等；常见的直接环境因素包括需求因素、竞争因素、分销因素、政策因素、资源因素等。

内部环境按作用的性质划分，主要包括财产物资、人力资源、知识、技术等。

二、经济组织与经济管理环境的关系

（一）经济组织与外部环境的关系

一方面，外部环境与经济组织是相辅相成的，外部环境的优化可以为经济组织中"组织细胞"的新陈代谢提供必要的场所和条件，而经济组织的良好发展也会反过来影响外部环境，使外部环境保持稳定。另一方面，外部环境与经济组织又是彼此制约的，外部环境的不利变化可能超过经济组织中"组织细胞"的承受能力，甚至会破坏"组织细胞"，导致其异常代谢，而经济组织中"组织细胞"异常代谢又可能导致环境紊乱。

经济组织可以通过某些方面的努力，如开发新技术，拓展新领域，改变自身形象，开展有效的公共关系维护活动等来影响外部环境，使外部环境朝着有利于经济组织生存和发展的方向转变。

（二）经济组织与内部环境的关系

内部环境是经济组织从事生产与经营活动的基本保证和基础条件，是经济组织为实现自身经济管理目标而具备的各种发展条件。在内部环境因素中，凡是能促进经济组织目标实现的，都是优势环境因素，反之则为劣势环境因素。通过经济组织自身的努力与发展，优势环境因素与劣势环境因素是可以相互转变的。

三、经济管理环境分析

（一）经济管理外部环境分析

经济组织是现代社会经济的基本单位，它是一个开放性的系统，同时作为一个子系统，又属于更大的社会系统，与社会系统中的其他子系统相互联系、相互影响、相互制约。由此可见，经济组织的外部环境，即社会的政治、经济、法律、文化、信息、科技等各个方面，都对经济组织开展的经济管理活动产生影响。分析经济管理的外部环境，可以使经济组织认识和把握所处环境中的有利因素和不利因素及其未来的发展趋势，从而为经济组织制定经济管理战略、提高对环境的应变能力等提供较为可靠的客观依据。

经济管理外部环境一般包括间接环境因素和直接环境因素。

1.间接环境因素

（1）法律因素

在任何社会制度下，经济组织的生产与经营活动都会受到法律的规范和制约。法律因素由影响和制约经济组织行为的法律法规组成。经济组织时时刻刻都受到法律因素的影响，或者说，经济组织的经济管理活动总是在一定的法律环境中进行的。对法律因素的分析主要包括对法律法规及其实施情况等的分析。

法律因素影响宏观经济的发展形势，对经济组织既可能形成强有力的促进作用，也可能产生巨大的负面冲击作用。因此，经济组织应不断提高对法律法规的适应能力。

（2）宏观经济因素

一个繁荣的宏观经济背景对经济组织的生产与经营活动有利，而萧条、衰退的宏观经济背景会对经济组织的生产与经营造成不利影响。宏观经济的发展状况和趋势常常是经济组织制定经济管理战略的重要依据。宏观经济因素包括国内外经济形势、经济发展阶段、经济结构、地区发展状况、产业或行业的未来发展趋势等。

（3）社会文化因素

社会文化是人类在社会发展过程中所积累的精神财富的总和。在经济管理领域，社会文化主要指在一定物质文明的基础上，在一个社会、一个群体的不同成员中一再重复的情感模式、思维模式和行为模式。在经济组织所处的外部环境中，社会文化因素是较为特殊的，它不像其他环境因素那样显而易见，却又深刻影响着经济组织的生产与经营活动。经济组织在分析社会文化因素时，要特别注意分析人口结构、道德规范、价值观念、民族传统等方面的情况。

（4）信息资源因素

经济管理活动中的信息资源因素是反映经济组织的活动情况，经过加工处理对经济管理活动产生影响的一系列资料和数据。信息资源因素是经济组织开展经济管理活动的基础资源和作出经营决策的依据。经济管理信息经过加工、开发和利用，可以发挥巨大的价值，特别是计算机技术的发展使经济管理信息的作用在现代经济管理活动中得以充分发挥。对信息资源因素的分析主要包括对其质量、数量的分析，以及对获取信息的方便性和获取信息渠道的畅通性的分析。

（5）科学技术因素

科学技术是人类在长期实践活动中所积累的经验、知识和技能的总和，是最活跃、最主要的生产力。在经济管理活动中，对科学技术因素的分析主要包括对科学技术水平及发展趋势、科学技术创新动向，以及新技术、新材料、新产品、新工艺的突破情况等的分析。

（6）自然环境因素

经济组织所进行的经济管理活动处于一定的自然环境中，而自然环境也是发展变化的，当代经济领域最主要的自然环境发展趋势是自然原料日益短缺、能源成本提高、环境污染日益严重、政府对自然资源管理的干预不断加强等。在对自然环境因素进行分析时，要注意分析自然资源的种类、数量和可用性，以及地形、气候等情况。

2.直接环境因素

直接环境因素是指能直接影响经济组织开展经济管理活动的环境因素。上述各种间接环境因素，常常是通过直接环境因素对经济组织的经济管理活动产生影响的。直接环境因素一般有以下几个：

（1）需求因素

需求因素主要是指市场对经济组织所提供的产品或服务的需求状况。其中，用户的购买能力、需求容量等是最主要的需求因素。

（2）竞争因素

竞争因素主要是指竞争对手在产品的生产与经营方面的竞争状况。经济组织对竞争因素的分析主要包括对竞争厂家数量、生产总规模、竞争能力、竞争激烈程度、市场占有与分割情况、主要竞争策略和竞争领域、潜在竞争因素等的分析。

（3）分销因素

分销因素是指营销渠道的网络状况以及中间商的销售规模和销售能力等。分销因素关系到经济组织能否将其提供的产品或服务顺利推向市场，从而加快再生产进程，因此，在经济管理活动中，经济组织需要加强对分销因素的分析研究。

（4）政策因素

政策因素是指能直接对经济组织开展的经济管理活动产生影响的有关政策。经济组织对政策因素的分析，主要包括分析各级政府、行业主管机关等提出的有关政策、法令、法规、指示和各种要求。

（5）资源因素

经济组织对资源因素的分析，主要包括对经济组织的生产设备、原材料、零部件、能源等物资，以及资金、劳动力等的来源、供应及开发情况的分析。

（二）经济管理内部环境分析

经济管理内部环境就是指在经济组织内存在的，为实现经济管理目标提供基本保证的各种因素。对经济管理内部环境的分析，一般包括以下内容：

1.经济组织一般情况分析

根据经济组织制定的经营战略和经营计划的要求，对经济组织一般情况的分析主要包括：①领导者素质和员工素质分析；②经济组织发展情况分析；③经济管理素质分析；④技术素质分析；⑤生产条件分析；⑥营销情况分析；⑦财务、成本和经济效益分析；⑧资源供应分析；⑨组织结构分析。

2.经济组织经营实力分析

经济组织是否存在优势，集中反映在经济组织的经营实力上，对经济组织经营实力的分析包括：①产品竞争能力分析；②技术开发能力分析；③生产能力分析；④市场营销能力分析；⑤产品获利能力分析。

3.经济组织内部环境要素分析

对经济组织内部环境要素的分析，主要包括现状分析、结构分析、原因分析这三项基本内容。

（1）现状分析

现状分析是指针对经济组织内部环境的不同要素的现实情况开展调查分析，了解内部环境各要素的数量水平和质量状态。

现状分析的特点是：①单一性，即分列各种要素，逐一进行分析；②表象性，着重考察各项要素的外显特征。

（2）结构分析

结构分析是指对经济组织内部环境诸要素之间的相互关系进行调查研究。经济组织的经济管理能力大小，虽然取决于经济组织生产力的强弱，但也受内部环境各要素间的结构状况的影响。若经济组织内部环境各要素的结构不合理，可能造成资源的严重浪费；若经济组织内部环境各要素的结构合理，则可以发挥强大的协作作用，推动经济组织的发展。

（3）原因分析

原因分析是针对现状分析和结构分析中所发现的问题，研究这些问题产生的原因。原因分析在经济组织内部环境分析中至关重要，经济组织管理者只有准确地查明问题的原因，才能采取根本性的解决措施。经济组织管理者在进行原因分析时，应注意潜在问题和潜在原因的分析，以增强战略决策的预见性。

（三）经济管理环境分析的方法

经济管理环境分析就是要明白自己的优势，知晓自己的劣势，分析产生优势和劣势的原因，寻找将劣势转化为优势的办法，为经济组织进行经营决策、制定经济管理战略、编制经济管理计划提供科学的依据。经济管理环境分析的方法有很多，常用的方法主要有以下几种：

1.按综合程度划分

按综合程度可以将经济管理环境分析方法分为全面分析和专项分析两种。全面分析就是对事关经济组织全局和长远利益的各种因素有序地进行分析，把握经济组织发展过程中的各种条件。全面分析的综合性较强，经济组织一般在制定长远发展规划、进行重大战略决策时进行全面分析。专项分析就是针对经济组织环境中的一个或数个特定问题开展的专门分析。专项分析的内容视管理层次的高低和问题的复杂程度而定，如基层管理者多侧重对经济组织发展的现实情况的分析，为中、高层管理者提供参考，中、高层管理人员则多侧重对经济组织发展状况的深层原因、未来发展趋势等的分析。

2.按分析频率划分

按分析频率可将经济管理环境分析方法分为定期分析和随机分析。定期分析就是按照一定的时间间隔进行经济管理环境分析，其分析内容比较具体，多为专项分析。随机分析就是针对突发或偶发事件所进行的分析，其分析内容视经济管理的需要而定。

3.按分析内容划分

按分析内容可将经济管理环境分析方法分为生产技术分析、产品质量分析、人员素质分析、财务成本分析、组织管理制度分析、经营销售分析、经济效益分析等。

第二节 经济管理战略

一、经济管理战略的含义

经济管理战略就是经济组织为实现经济管理目标，顺应环境变化，谋求长期生存和发展，以正确的思想为指导，对经济组织发展中具有全局性、长远性和根本性的经营方向、重大经营方针以及实施步骤等作出的长远的、系统的和全局的谋划。经济管理战略是由各种各样的具体战略构成的，由于各个经济组织的外部环境、内部环境、生产经营特点等各不相同，每一种经济管理战略不可能适用于所有经济组织。为了研究经济管理战略的规律性，便于经济组织结合自身的具体情况选择合适的经济管理战略，一般将经济管理战略分为总体战略和分战略。

二、经济管理总体战略

经济管理总体战略在经济管理战略体系中居于指导地位，决定着经济组织的兴衰存亡，是每个经济管理者必须首先考虑的问题。经济管理总体战略是经济组织最高管理层在运用科学的技术和方法，掌握外部环境的现状与未来变化发展趋势的基础上，根据内部资源条件，对组织今后较长时期的发展作出的科学规划与设计，即从总体上制定的经济组织生存与发展战略。经济管理总体战略具有多样性，在经济管理活动中常见的经济管理总体战略有以下几个：

（一）扩张战略

扩张战略是指经济组织在现有发展水平的基础上，向更高一级的目标发展的战略。扩张战略的核心是通过扩张来达到经济组织发展壮大的目的，这一战略成功的关键是不断创新，积极进取，一般适用于所处发展环境较为有利，并在产品、技术、市场占有率等方面具有较大优势的经济组织，特别是拥有名牌产品或社会声誉较高的经济组织。

扩张战略的具体表现形式为：经济组织依靠自身力量积极扩大经营规模；在原有经营范围内提高生产效率，增加产品供应量；投资新的经营领域；通过竞争，促进与其他经济组织之间的联合与兼并，从而实现更高质量的发展。在具体的经济管理活动中，经济组织可以根据自身需要，实施单一产品发展战略、纵向一体化发展战略、横向一体化发展战略、同心多元化发展战略、复合多样化发展战略，或对以上战略进行合理组合。

（二）维持战略

维持战略是指经济组织由于当前所处发展环境较好，在一定时期内在产品、技术、市场等方面采取维持现状的一种战略。

维持战略的核心是在维持现状的基础上，提高经济组织现有生产条件下的经济效益。经济组织采取维持战略，并不代表其永远维持现状，不思进取，而是在一段时期内维持现状，并积极培育资源优势、积蓄力量，一旦客观环境条件发生实质性变化，发展机遇到来，则可以迅速把握住机遇，促进发展水平迈上新的台阶。因此，实施维持战略时，经济组织必须注意组织结构的稳定、人员的稳定、产品的稳定和技术的稳定。

维持战略一般适用于下列情况：①经济组织外部环境相对稳定，既无大的威胁，也没有过多的机会；②经济组织经营状况良好，产品在较长时期里仍然具有明显优势；③市场地位稳固的大型经济组织，由于投入了大量资金，为了避免风险，不求短期扩张，而是注重整合内部资源，以提高生产效率与经济效益；④经济组织最高层管理者的经营思想以稳健为主，当经济组织暂不能具有突出优势，也没有明显不利因素时，则以保持经济组织稳定经营为目标。

（三）防御战略

防御战略是经济组织通过有效的防御措施，保护自身免受外部挑战和竞争威胁的一种战略。防御战略的核心是以恰当的防卫，使新的经济组织难以进入市场，使挑战者难有立足之地，从而保持和巩固经济组织现有的市场地位。这种战略一般适用于外部环境和内部环境暂时处于劣势，经营出现困难，一时难以改变现状，选择缩小经营规模，或退出某一个或几个市场领域，放弃一些产品的生产经营，以腾出厂房、设备、人员、资金等资源，将这些资源投向更有前途的领域。

（四）市场领导者战略

大多数行业都存在着一家为大众所熟悉的市场领导者。市场领导者是在某一产品或服务市场中拥有最大市场份额的经济组织，这家经济组织通常在价格调整、新产品导入、市场覆盖等方面领导着该行业内其他的经济组织。市场领导者战略指的就是市场领导者为保住其在市场中的地位而采取的战略，主要包括增加市场需求，通过防御和进攻行动保护其现有市场份额，尝试扩大市场份额等。

（五）市场挑战者战略

市场挑战者是指在某一行业中处于前几名的经济组织。因此，市场挑战者战略是指市场挑战者向市场领导者发起攻势的战略。实施市场挑战者战略时，市场挑战者要首先确定竞争对手，在进攻中可根据市场情况选择正面进攻、侧翼进攻、包围进攻、迂回进攻、游击进攻等具体战略中的一种，或对几种具体战略进行合理的组合，从而达到取代市场领导者的目的。

三、经济管理分战略

经济管理分战略是指经济组织内部各部门、各单位，针对某一方面或某一经营领域，在经济管理总体战略的指导下所制定的具体战略。经济管理分战略从属于经济管理总体战略，与经济管理总体战略之间的关系是一种主从关系。不同的经济组织由于行业性质、经营规模、生产特点等的不同，需要制定的经济管理分战略也各不相同。一般来说，经济管理分战略主要有以下几个：

（一）市场战略

在市场经济条件下，市场是经济组织赖以生存的基本条件，经济组织失去了市场就失去了生存的空间，因此，市场战略就是经济组织研究如何占领市场和利用市场的战略。具体来说，经济组织制定的市场战略包括目标市场战略、市场渗透战略、市场开拓战略、新产品市场战略、混合市场战略和市场营销组合战略等。

（二）产品战略

产品的生产与销售是经济组织最基本的活动。经济组织制定的产品战略主要研究的是如何根据市场的需要，开发和生产适销对路的产品。具体来说，产品战略包括新产品开发战略、老产品调整战略、产品线战略和产品组合战略等，在经济组织的经济管理活动中，产品战略与市场战略紧密相连。

（三）技术战略

在科学技术飞速发展的今天，经济组织如果技术落后，最终会被市场淘汰。经济组织的技术战略研究就是要研究确定经济组织技术进步的目标及其实现的途径和方式。

（四）人才战略

经济组织之间的竞争，归根结底是人才的竞争。在激烈的市场竞争中，建立一支高素质的人才队伍，是经济组织立于不败之地的根本。经济组织的人才战略的主要研究内容就是如何发现人才、培养人才、使用人才，提高员工的素质。

（五）价格战略

价格竞争是市场竞争的重要方面。如何合理确定定价目标，制定具有较强竞争力的价格，是经济组织的价格战略要研究和解决的问题。常用的价格战略包括高价策略、低价策略、均衡价格策略和最优价格策略等。

（六）财务战略

经济组织的一切生产经营活动都与财务活动紧密相连。经济组织的财务战略主要是研究如何最合理地筹集经济组织生产经营所需资金，如何最合理地分配和最有效地使用有限的资金，以保证经济组织生产经营活动的正常进行。

（七）竞争战略

竞争战略就是指经济组织在特定的产品与市场范围内，为了取得差别优势，扩大市场占有率所采取的战略。

（八）生产战略

生产战略是经济组织根据所选定的目标市场和产品特点构建其生产系统时所遵循的指导战略，以及在这种战略指导下形成的一系列决策、规划。从本质上看，生产战略是对生产资源转换成产品和服务的过程所提出的战略要求。需要注意的是，生产战略的目标不是提供具体的产品和服务，而是使经济组织形成满足顾客需求的能力和支持竞争优势的能力。

（九）销售战略

销售战略用于确定经济组织应投入竞争的市场类型或经营领域，并根据确定的市场类型或经营领域中的顾客需求，确定经济组织的产品和服务的特征，以及新产品引入市场的时机。

（十）成长战略

经济组织为适应外部环境的变化，有效地利用资源，需要制定科学合理的成长战略。成长战略研究的主要内容是以成长为目标的经济组织如何选择成长方向，把握成长机会，保证实现成长目标。

四、经济管理战略的实施与控制

（一）经济管理战略的实施

经济管理战略确定以后，如何实施战略就成了决定经济管理活动成败的关键。经济管理战略实施的内容主要包括：建立相应的部门或机构、设置行政支持系统、制定行动计划、分派责任、配置战略资源、建立协调控制机制。

（二）经济管理战略的控制

经济管理战略控制是将预先制定的战略目标或战略评价标准，与反馈的战略执行信息进行比较，以检查战略计划与实际执行情况的偏离程度，并采取纠偏措施，使经济管理战略更加科学合理的一系列活动。

经济管理战略控制包括事前控制、事中控制和事后控制。具体来看，经济管理战略控制一般由三个方面的内容组成：①制定战略评价标准；②将反馈的战略执行信息实际成效与战略评价标准加以对比分析；③针对偏差采取纠偏行动。

经济管理战略控制的目的主要有两个：一是为了保证经济管理战略的正确实施；二是为了检验、修改、优化原定的战略。但要注意的是，经济管理战略控制不是具体地对计划执行情况的检查与控制，而是要解决一些主要问题，这些问题包括：①现行战略的有效性；②制定战略的前提，如战略环境问题等的可靠性；③对发现的战略问题进行修改的必要性，以及对战略进行优化的可能性；④对战略及其实施情况进行重新评价的必要性。

第四章 经济增长与金融发展的关系

第一节 金融发展对经济增长的
推动作用

金融发展对经济增长的推动作用，主要表现在以下几个方面：

一、投资与交易方面

（一）分散风险

金融系统通过其独特的机制，有效分散了投资风险，促进了资源的高效配置，从而推动经济增长。金融机构如银行、证券公司、保险公司等，通过提供多样化的金融工具和服务，帮助投资者和企业分散短期和长期风险。具体而言，金融机构可以吸收短期存款并提供长期贷款，满足企业投资的需求。同时，金融市场的流动性能够使投资者迅速实现资产变现，降低投资风险。此外，金融中介通过投资组合和风险管理技术，能够进一步降低整体投资风险，提高资本配置效率。

（二）降低交易成本

金融发展通过避免信息的不对称，降低交易成本，促进了资本的有效流动和资源配置。金融机构发挥自身在信息收集、审查和监督方面的专业优势，能够显著降低企业融资过程中的交易成本。金融市场则通过提供标准化的交易流程，进一步降低交易成本。交易成本的降低不仅有助于增加投资，还能促进资源向生产效率更高的企业和项目流动，从而推动经济增长。

二、资本与市场方面

（一）提高资本形成率

资本形成率是指一定时期内资本形成总额占国内生产总值的比重，金融发展对资本形成率的提高具有重要影响。金融机构通过吸收社会闲散资金，形成庞大的资金池，为企业提供稳定的资金来源。金融市场则通过股票、债券等金融工具，为企业提供多元化的融资渠道。这些融资渠道不仅增加了企业的资本可得性，还降低了企业的融资成本，方便企业更灵活地获取资金，满足不同的资金需求。此外，金融发展还有助于改变企业的治理结构，提高投资效率，从而进一步推动经济增长。

（二）推动金融市场的发展

股票市场和债券市场等金融市场的发展程度与经济增长之间存在显著的正相关关系。金融市场通过提供多样化的金融产品和服务，满足不同投资者的需求，促进了资金的流动和配置，推动了经济增长。

此外，金融中介和金融市场在推动经济增长的过程中发挥了不同的作用，但二者之间也存在互补关系。银行等金融中介机构通过提供贷款和金融服务，满足企业的投资需求；而金融市场则通过提供股票、债券等金融工具，为企业提供更多的融资渠道。二者相互配合，共同促进了经济的增长和发展。

三、出口与贸易方面

（一）扩大出口规模

金融发展有助于扩大出口规模，在出口领域推动经济增长。金融机构通过提供出口信贷、贸易融资等金融服务，支持企业的国际贸易活动。同时，金融市场的发展也为企业提供了更多的融资和风险管理手段，降低了国际贸易的风险和成本。这些都有助于提高企业的国际竞争力，扩大出口规模，促进经济增长。

（二）促进经济均衡与全球储蓄流动

在全球化背景下，各国金融市场的发展水平不同，导致资本在全球范围内流动。一般情况下，金融市场发达的国家能够吸引更多的国际资本流入，而金融市场欠发达的国家则可能面临资本流出和储蓄过剩的问题。金融体系通过吸收储蓄、分配资金和提供信贷的方法，为各国经济发展提供必要的资金支持。这不仅有助于解决经济市场短期内的有效需求不足问题，还能通过结构性改革促进经济的长期、可持续增长。此外，金融发展促进了国际贸易和投资的增长，从而加速了全球储蓄的流动。

第二节　金融发展对经济增长的
消极影响

金融发展对经济增长虽然有着显著的推动作用，但也存在一些消极影响。这些消极影响主要体现在以下几个方面：

一、实体经济过度金融化

实体经济过度金融化指的是实体经济部门为追求高利润，将大量资本投入金融市场，导致自身投资不足，产业结构失衡。实体经济过度金融化的具体表现为：

（一）企业创新能力和产业升级能力被削弱

实体经济是技术创新和产业升级的主要阵地。然而，当大量资本流向金融市场而非用于实体经济的设备更新、技术创新和产业升级时，企业的技术创新能力和产业的升级能力将被严重削弱。这不仅会限制企业自身竞争力和可持续发展能力的提升，也会影响整个行业乃至国家的技术进步和产业升级。

长期来看，企业创新能力和产业升级能力是经济增长的重要驱动力。实体经济过度金融化将削弱这一驱动力，进而阻碍经济的增长。

（二）资金"空转"导致资源配置效率降低

实体经济过度金融化还表现为金融体系内资金在金融机构之间频繁流转，而非真正投入实体经济的生产和再生产过程中。这种资金"空转"现象不仅浪费了金融资源，也增加了金融系统的运行成本和风险。更严重的是，资金未能有效流入实体经济中最有发展潜力、效率最高的部门和项目，导致资源配置效率降低。这更加抑制了实体经济的增长潜力，可能导致经济结构的失衡。

二、金融风险增加

金融发展对经济增长的消极影响，还体现在金融风险的增加上。随着金融创新的不断推进，金融市场日益复杂，新的金融产品和工具层出不穷，同时也带来了新的金融风险。金融风险增加的具体表现如下：

（一）金融危机风险增加

金融风险的累积可能导致金融危机的发生。金融危机不仅会破坏金融体系的稳定性，还可能引发信贷紧缩、资产价格下跌等一系列连锁反应。这将直接影响实体经济部门的融资环境，导致企业投资减少、生产活动放缓，进而对经济增长造成冲击。

例如，在金融危机期间，银行可能因面临大量坏账（银行贷款中无法收回的部分）而收紧信贷政策，使得企业难以获得贷款支持，进而影响企业的正常运营。

（二）市场的不确定性加剧

金融市场发生波动会加剧市场的不确定性。市场不确定性加剧不仅会影响投资者的信心和决策，还可能导致资源配置的不均衡。当市场出现大幅度波动时，投资者可能会采取保守的投资策略，减少风险资产的配置，这将进一步影响市场的流动性和稳定性。

（三）信息不对称加剧，道德风险增加

金融创新往往伴随着信息不对称的加剧。金融机构和投资者之间、投资者与投资者之间可能存在信息不对称的问题，这可能导致逆向选择的发生和道德风险的加剧。逆向选择可能使高风险项目获得融资，而低风险项目被排斥在外；道德风险加剧则可能促使金融机构为了自身利益而采取冒险行为，增加金融系统的脆弱性。

（四）金融杠杆的过度使用

高杠杆使得金融机构和投资者在面临市场波动时更容易遭受损失，甚至可能引发连锁性的违约和破产。这将进一步加剧金融市场的动荡和不确定性。

（五）宏观经济调控的难度增加

金融风险的增加使得宏观经济调控的难度增加。为了维护金融稳定和促进经济增长，政府需要采取更加有力的措施来应对金融风险。然而，由于金融市场的复杂性和不确定性，政府往往难以准确判断金融风险的性质和规模，从而增加了宏观经济政策制定和执行的难度。

三、资源错配

金融体系在配置资源时可能存在信息不对称等问题，导致资源流向低效率部门或项目，而高效率部门或项目则可能面临融资难的问题。当资金被错误地配置到低效率部门或项目时，这些部门或项目可能会因为过度投资而产生泡沫，浪费资源。与此同时，那些真正需要资金的高效率部门或项目则可能因为资金短缺而发展受阻。这种不平衡的发展状态不仅会降低经济的整体效率和竞争力，还可能引起经济结构的失衡和不稳定。

四、贫富差距扩大

金融发展在推动经济增长的同时，也可能加剧社会财富分配的不平等，导致贫富差距扩大。这一现象主要体现在以下几个方面：

（一）金融服务的不均衡性

1.高收入群体的优势

高收入群体通常拥有更多的财富和更高的信用评级，因此更容易获得金融机构的青睐，能够享受到更加全面、优质的金融服务。高收入群体可以通过投资股票、债券、基金等金融产品获取高额回报，进一步增加财富积累。

2.低收入群体的困境

相比之下，低收入群体往往因为收入不稳定或信用记录不佳等原因，难以获得正规金融机构的贷款，难以享受优质的金融服务。这限制了低收入群体通过金融手段增加收入、改善生活状况。

（二）金融市场的不平等性

1.金融市场的进入门槛

随着金融市场的不断发展，金融产品和金融服务的复杂性和专业性日益提高。这导致了一些低收入群体因为缺乏金融知识和投资经验，难以理解和参与金融市场，从而难以把握通过投资增加财富的机会。

2.金融创新的消极影响

金融创新虽然为金融市场带来了更多的机遇和活力，但也使得一些复杂的金融产品和工具更加难以被普通投资者所理解和把握。这在一定程度上加剧了金融市场的不平等性，使得高收入群体更容易从中获利，而低收入群体则可能因此遭受损失。

（三）金融体系的制度性因素

1.政策导向和监管漏洞

在某些情况下，金融政策可能更倾向支持大型企业或特定行业，而忽视了中小企业和低收入群体的融资需求。同时，金融体系中存在的监管漏洞也可能为一些金融机构提供利用信息不对称进行套利的机会，从而导致贫富差距扩大。

2.金融腐败和金融排斥

金融体系的制度性问题中，金融腐败和金融排斥也是导致贫富差距扩大的重要因素。金融腐败可能使得一些不法分子通过非法手段获取巨额财富，而金融排斥则使得低收入群体无法享受到应有的金融服务。这些现象都加剧了社会财富分配的不平等。

（四）经济全球化的消极影响

在经济全球化背景下，全球资本流动的不均衡性也可能导致贫富差距的扩大。一些发达国家和发展中国家之间的金融合作和资本流动可能更加频繁和便捷，但这样的金融合作和资本流动往往是以牺牲低收入群体的利益为代价的。例如，一些发展中国家可能通过吸引外资来推动经济增长，但这些外资往往流向了高收入群体或特定行业，而低收入群体则难以从中受益。

五、金融监管难度增加

随着金融市场和金融创新的不断发展，金融监管的难度和复杂程度也在不断增加。如何有效地监管金融市场、防范金融风险成为重要的挑战。金融监督难度增加具体体现在以下方面：

（一）金融创新快速发展与监管滞后的矛盾

随着科技的飞速发展，区块链、人工智能、大数据等技术在金融领域得到了广泛应用，金融创新成果层出不穷，如数字货币、智能合约、互联网金融产品等。这些创新成果不仅改变了金融服务的提供方式，也重塑了金融市场的结构与边界。

面对快速发展的金融创新，传统监管框架往往难以迅速调整，以应对新风险、新问题。监管规则的制定、论证与试点需要一定的时间，而金融创新的步伐往往比监管反应快，这就容易导致监管空白或监管套利现象的出现。

（二）跨行业、跨国界的监管合作困难

1.混业经营趋势

金融机构间的业务界限日益模糊，银行、证券公司、保险公司等金融机构相互渗透，形成混业经营格局。在这种混业经营趋势下，跨行业的监管合作面临着挑战，导致监管重叠与监管空白等现象出现。

2.全球化背景下的跨境监管

金融市场的全球化发展趋势使得跨境资本流动更加频繁，跨境金融风险传递速度加快。然而，不同国家和地区之间的监管标准、法律体系存在差异，跨境监管合作面临着信息共享不畅、法律冲突等障碍，增加了监管难度。

（三）系统性风险监测与防控的复杂性

1.系统性风险的不确定性和隐蔽性

金融市场的高度关联性使得单一机构或行业的风险可能迅速扩散至整个金融体系，形成系统性风险。然而，系统性风险具有较大的不确定性和隐蔽性，对系统性风险进行检测与识别需要依赖复杂的模型与数据分析技术。

2.防控策略的制定与执行难度较大

识别出系统性风险之后，如何及时、有效地制定并执行防控策略，成为

金融监管的关键。防控策略的制定与执行难度较大，要求监管机构具备高度的前瞻性和灵活性，能够在不降低市场活力的前提下，有效控制风险蔓延。

第三节　经济增长对金融发展的促进作用

经济增长对金融发展的促进作用是多方面的，具体体现在以下几个方面：

一、增加金融市场活力

经济增长是金融市场活力的源泉。经济增长激发了市场活力，为企业发展增加了动力，形成活跃的市场环境。这种活跃的市场环境为金融投资提供了更多的机遇，吸引了更多的资金进入金融市场。同时，随着企业规模的扩大和生产经营能力的提升，企业对金融服务和金融产品的需求也随之增加，这进一步推动了金融市场的繁荣和发展。

随着经济增长，市场需求不断扩大，企业活动日益频繁，这为金融市场的发展提供了丰富的投资机会和广阔的空间。企业为了扩大生产规模、提升竞争力，往往需要更多的资金支持，这促使它们积极寻求金融市场的融资服务。同时，随着企业生产经营能力的提升，它们对金融产品和服务的需求也变得更加多样化和个性化，这进一步推动了金融市场的细分和专业化发展。金融市场的活力因此得到显著提高，交易活跃度增加，资金流动速度加快，金融市场的整体效率得到优化。

二、促进金融体系的完善

经济增长对金融体系的需求不断增加，促使金融体系不断完善，以满足经济发展的需要。金融体系的完善包括金融机构的增设、金融产品的创新、金融服务的优化、金融科技的发展与应用、金融体系的自我调整等。

（一）金融机构的增设

1.金融机构数量和种类的增加

随着经济增长，市场对金融机构数量和种类的需求也更加多样化。更多类型的金融机构，如商业银行、投资银行、保险公司、证券公司、基金管理公司等相继涌现，为企业提供更全面的金融服务。

2.金融机构发展方向的多元化

经济增长推动金融机构向多元化方向发展。金融机构不仅在传统业务领域精耕细作，还能够积极探索新业务、新领域，如绿色金融、普惠金融、数字金融等，以满足不同经济主体的需求。

（二）金融产品的创新

1.产品多样化

经济增长带来市场需求和客户偏好的变化，金融机构根据这些变化不断创新金融产品，如定制化理财产品、结构性存款产品、绿色金融产品等，以满足客户多元化的投资和融资需求。

2.科技融合

金融机构利用大数据、人工智能、区块链等先进技术，开发智能投资顾问等新型金融产品以及区块链融资等新型金融服务，能提高金融服务的效率和安全性。

（三）金融服务的优化

在经济增长的影响下，金融机构不断加强内部管理，提高员工专业素质和服务意识，为客户提供高效、便捷、安全的金融服务。此外，金融机构加大对小微企业、农村地区和低收入群体的金融支持，通过降低门槛、简化流程、提供优惠利率等措施，提高金融服务的普惠性。

（四）金融科技的发展与应用

1.新兴业态的出现

金融科技的发展带动新兴业态如移动支付、众筹、智能投资顾问等快速发展，为金融体系注入了新的活力，降低了交易成本，提高了金融服务的可获得性。

2.监管与科技的融合

经济的增长对金融监督提出了更高的要求。监管机构利用科技手段提高监管效率，增强监管的准确性，及时发现和防范金融风险，保障金融体系的稳定运行。

（五）金融体系的自我调整

1.风险防控

经济增长要求金融体系不断进行自我调整，建立健全风险管理体系，加强对市场风险、信用风险、流动性风险等的监测和预警，提高金融机构的风险防控能力。

2.完善法律法规

完善金融法律法规体系，明确金融机构和市场的行为规范，保护投资者和消费者的权益，为金融体系的健康发展提供法律保障。

3.加强国际合作

加强与国际金融组织和其他国家金融机构的合作与交流，学习借鉴国际先进金融发展经验和技术，提高我国金融体系的国际竞争力和影响力。

三、提高金融市场的运行效率

经济增长促进了金融市场的运行效率提升。一方面，随着市场规模的扩大和交易量的增加，金融市场的流动性得到增强，这有助于降低交易成本，提高交易效率。另一方面，经济增长也提高了金融市场的信息化和智能化水平，使得金融信息的获取和处理更加便捷和高效，这有助于投资者更好地了解市场动态，作出科学的投资决策，从而进一步促进金融市场的繁荣和发展。经济增长在提高金融市场运行效率方面的作用具体如下：

（一）金融市场流动性增强，资源配置效率提高

1.金融市场流动性增强

随着市场规模的扩大和交易量的增加，金融市场的流动性显著增强。这意味着投资者可以更便捷地进行金融资产交易，无须担心市场深度不足或价格波动过大。流动性的增强降低了金融资产交易成本，因为大宗交易可以更容易地进行，而不会对市场价格造成过大冲击。

2.资源配置效率提高

交易量的增加和参与者范围的扩大，有助于市场更快地传递相关信息，从而更准确地确定资产的真实价值。这提高了市场的价格调控能力，使得资源配置更加高效。

（二）信息化与智能化发展

1.推动技术革新

经济增长推动了信息技术的飞速发展，金融市场也借此实现了信息化和智能化。互联网、大数据、云计算、人工智能等技术的应用，使得金融信息

的获取、处理和分析变得更加便捷和高效。

2.提高信息透明度

信息化的发展提高了金融市场的透明度，使投资者能够实时获取市场动态、政策变化等各类信息，从而作出更加科学的投资决策。同时，监管机构也能更有效地监控市场行为，防范金融风险。

3.新型交易方式出现

智能化的发展催生了智能交易等新型交易方式。这些新型交易方式能够自动分析市场数据、执行交易指令，并在极短时间内完成大量交易，大大提高了金融市场的交易效率。

（三）市场更加公平公正

随着经济的增长，出于保障金融市场的稳定和效率的需要，监管机构需要制定并执行有效的监管政策，包括对市场参与者的行为准则、信息披露要求、风险管理等方面进行监管。有效的监管可以防止内幕交易等违法行为，保证市场的公平公正。

（四）对投资者的教育与保护更加深入

1.提高投资者的素质

加强对投资者的教育是提高金融市场效率的重要途径。通过普及金融知识、增强投资者的风险意识、提高投资者的自我保护能力，可以减少非理性投资行为的发生，促进金融市场的健康发展。

2.建立投资者保护机制

建立科学合理的投资者保护机制，设立投资者保护基金，加大投资者投诉处理力度，可以保证投资者的合法权益不受侵害，增强投资者对金融市场的信任。

四、推动金融创新和金融深化

经济增长为推动金融创新和金融深化提供了有力支持。随着经济的发展和居民收入水平的提高，人们对金融产品和服务的需求也日益多样化。为了满足这些需求，金融机构需要不断创新金融产品和服务。同时，经济增长也推动了金融市场的深度发展，使得金融市场更加成熟和稳定。这有助于吸引更多的国内外投资者进入金融市场，进一步推动金融市场的繁荣和发展。经济增长在推动金融创新和金融深化方面的作用具体如下：

（一）推动金融创新

1.市场需求驱动

经济增长和居民收入水平的提高，激发了多样化的金融市场需求，这些需求包括对更高收益、更低风险、更便捷服务的追求，以及对个性化、定制化金融产品的期待。金融机构为了满足市场的这些需求，必须不断创新金融产品和服务。

2.技术创新赋能

科技的发展为金融创新提供了强大的技术支持。大数据、人工智能、区块链等技术的应用，使得金融机构能够更精准地分析客户需求、优化产品设计、提高服务效率，并开发出全新的金融产品和服务模式。

3.创新表现多样

金融创新的表现形式多种多样，包括但不限于支付结算方式的革新、融资模式的创新、投资渠道的拓展、风险管理工具的升级等。

（二）推动金融深化

1.市场结构完善

金融深化意味着金融市场的结构更加完善，包括市场的层次更加丰富、参与主体更加多元、交易机制更加健全等。这有助于提高市场的竞争力和活力，促进资源的有效配置。

2.金融机构功能强化

随着金融市场发展的深入，金融机构的各项功能，如融资、投资、风险管理、信息提供等，都得到进一步强化。金融机构能够更高效地分配资金，支持实体经济发展，投资者也能通过多样化的金融产品和服务实现风险管理。

3.市场透明度提升

金融深化还有助于提升金融市场的透明度，完善市场基础设施，加强监管，提高风险管理水平，降低系统性风险的发生概率，保证市场的平稳运行。

（三）促进金融创新与金融深化的互动

1.相互促进

金融创新和金融深化是相互促进的关系。金融创新为金融深化提供了动力和源泉，推动了金融市场的不断完善和升级；而金融深化则为金融创新提供了更广阔的空间和更坚实的基础，使得金融创新活动得以持续进行并产生更大的社会效益。

2.协同发展

在经济增长的推动下，金融创新和金融深化协同发展。一方面，金融机构加大创新力度，不断推出符合市场需求的新产品和服务；另一方面，金融市场的建设和管理水平得到提高，市场更加规范，为金融创新活动提供了良好的市场环境。

五、增强金融市场的稳定性

经济增长有助于增强金融市场的稳定性。一方面，随着经济的发展，国家有能力更好地应对外部冲击和风险挑战，从而维护金融市场的稳定。另一

73

方面，经济增长也促进了金融市场的规范化发展，使得金融机构更加注重风险管理和内部控制，降低了金融市场系统性风险的发生概率。经济增长对增强金融市场稳定性的作用具体表现如下：

（一）提高国家应对外部冲击的能力

经济增长意味着国家整体经济实力的增强，包括外汇储备的增加、财政收入的增加以及国内生产总值的稳步增长。这些因素使得国家在面对外部经济冲击（如国际贸易摩擦、汇率波动、国际金融市场动荡等）时，能够拥有更多的政策工具和资源来稳定金融市场，减轻外部冲击对国内金融体系的负面影响。

（二）促进金融市场的规范化发展

经济增长往往会导致金融市场日益复杂，这对监管机构的监管力度提出了更高的要求。监管机构通过完善监管制度和规则体系，可以提高监管标准，加大执法力度，完善信息披露制度，促进金融市场的规范化发展，降低市场操纵、内幕交易等违法违规行为的发生概率，从而增强市场的稳定性。

（三）提高金融机构的风险管理能力

经济增长为金融机构提供了更多的业务机会和收入来源，同时也对金融机构的风险管理水平提出了更高的要求。金融机构在追求利润的同时，需要更加注重风险识别、评估和控制，建立完善的风险管理体系和内部控制机制，从而在复杂多变的市场环境中保持稳健经营，降低系统性风险发生的概率。

（四）增强市场参与者的信心

经济增长带来的市场繁荣和稳定预期，能够增强市场参与者的信心。投资者和消费者对未来经济发展持乐观态度时，更愿意将资金投入到金融市场中，支持实体经济发展。市场参与者信心的增强，有助于维护金融市场的稳定，避免市场过度波动。

（五）建立多元化风险分散机制

随着经济增长和金融市场的发展，金融市场的层次和结构不断完善，为投资者提供了更多的投资渠道和风险管理工具。通过多元化的投资组合和风险管理策略，投资者可以更有效地分散风险，减轻市场波动对整体投资组合的影响，提高金融市场的整体稳定性。

第四节　经济增长对金融发展的
消极影响

经济增长对金融发展的消极影响虽然相对较少，但在某些情况下仍可能显现。以下是经济增长可能给金融发展带来的消极影响：

一、经济波动带来金融风险

经济增长过程中的周期性波动是不可避免的，这种波动直接影响金融市场的稳定性和金融机构的资产质量，带来一定的金融风险。具体来说，经济波动导致的金融风险表现在以下几个方面：

（一）信贷风险增加

当经济处于衰退期时，企业盈利减少，还款能力降低，导致银行和其他金融机构的不良贷款率上升。这不仅影响金融机构自身的盈利，还可能引发连锁反应，如银行减少贷款发放，使得企业融资难度增加，进一步抑制经济活动。

（二）市场风险增加

经济波动往往伴随着资产价格的剧烈波动，投资者面临更高的市场风险。股票、债券等金融产品价格的大幅下跌可能导致投资者恐慌性抛售，加剧金融市场动荡。

在经济下行期，市场参与者可能因担忧未来经济衰退而减少投资和消费，导致市场流动性收紧，金融机构可能面临资金紧张的局面，难以满足企业资金需求，增加了市场流动性风险。

二、资产泡沫与金融机构系统性风险

资产泡沫通常指市场上的资产价格脱离其基本价值从而形成的一种虚假繁荣现象。资产泡沫的形成是金融市场过度乐观和货币供应宽松共同作用的结果。具体来说，经济增长可能带来的资产泡沫与金融机构系统性风险的表现如下：

（一）资产价格虚高

在资产泡沫形成期间，投资者盲目追涨，资产价格远远超出其内在价值。这种价格扭曲不仅误导了资源配置，还可能使市场变得脆弱。

（二）资产泡沫破裂带来连锁反应

一旦资产泡沫破裂，资产价格暴跌，投资者就会遭受巨大损失，信心崩塌，金融机构可能因持有大量贬值资产而陷入困境。

（三）风险累积与扩散

资产泡沫破裂后，金融风险可能在金融体系内累积并扩散至实体经济。金融机构之间的紧密联系使得金融风险不断波及更多金融机构，形成系统性风险。

三、金融监管滞后

经济增长促进金融发展的一个具体表现是推动金融创新，而经济增长在推动金融创新的同时，也给金融监管带来了巨大挑战。具体表现为：

（一）监管空白与监管套利

金融创新与金融监管制度的制定和完善往往不同步，从而导致监管空白和监管套利现象的出现。一些不法分子可能会利用这些空白和套利空间，开展违法违规活动。

（二）监管难度加大

一些金融产品的交易流程复杂、不透明度高，使得监管机构难以有效识别和评估风险，增加了监管难度，使得金融市场更加脆弱、不稳定。

（三）监管协调与合作面临挑战

在全球化背景下，金融创新的跨国界特征日益明显。监管机构需要加强国际协调与合作，共同应对跨国金融风险。然而，由于各国监管制度、法律体系等方面的差异，监管的协调与合作面临诸多挑战。

四、金融市场与实体经济脱节

经济增长推动金融发展的同时，也可能使金融市场过度追求短期利润，做出投机行为，导致金融资源错配，使得金融市场与实体经济脱节。具体表现在以下几个方面：

（一）资金脱实向虚

在金融市场繁荣时期，大量资金涌入金融市场，在金融体系内部循环，而非流向实体经济。这导致实体经济融资难、融资贵的问题加剧。

（二）经济结构失衡

金融资源错配可能加剧经济结构失衡。一些高风险、高收益的行业可能获得过多资金支持，而一些具有发展潜力但风险和收益较低的行业则面临资金短缺的问题。

（三）金融风险累积

金融资源错配、金融市场与实体经济脱节，可能使得金融风险在金融体系内不断累积。一旦风险爆发，不仅会对金融体系自身产生不利影响，还可能对实体经济造成巨大冲击。

五、国际金融市场波动

全球化使得各国、各地区的金融市场之间的联动性日益增强，国际金融市场波动可能迅速传导至国内金融市场。具体来说，国际金融市场波动对国内金融发展的消极影响表现在以下几个方面：

（一）资本流动冲击

国际金融市场波动可能导致资本大规模流动。例如，在经济衰退期，投资者可能纷纷抛售风险资产并寻求避险资产，导致资本流向发达国家市场。这种资本流动可能加剧国内金融市场的动荡。

（二）汇率波动风险

国际金融市场波动还可能引发汇率波动。汇率的大幅度波动可能会影响国内企业的进出口业务和债务偿还能力，还可能影响投资者的信心。

（三）政策溢出效应

政策溢出效应是指一个国家的政策措施对其他国家或地区产生的意外影响。国际金融市场波动可能引发政策溢出效应。例如，为了应对危机、稳定市场，一些国家可能对货币政策或财政政策采取调整措施，这些调整措施可能会对国内金融市场产生直接或间接的影响。

第五章　经济管理与金融发展的关系

第一节　经济管理对金融发展的
基础性作用

在现代化经济体系中，经济管理与金融发展构成了支撑经济增长与稳定的两大支柱。经济管理是一个对经济活动进行规划、组织、协调、控制和监督的过程，其目的在于优化资源配置、促进经济增长。金融发展则是指金融体系的结构变化、功能完善以及效率提升。经济管理对金融发展具有显著的基础性作用，主要体现在以下几个方面：

一、制度环境的塑造

经济管理通过制定和实施法律法规、监管政策等，为金融发展提供一个稳定、透明的制度环境。这样的制度环境不仅规范了金融市场参与者的行为，降低了信息不对称和道德风险等问题发生的概率，还保障了金融市场的公平竞争和有序运行。经济管理在制度环境塑造方面的作用具体体现在以下方面：

（一）法律法规的制定与实施

1.法律体系的构建

相关立法机关通过立法手段，建立健全金融法律法规体系，明确金融市场的运作规则、金融机构的设立条件、业务经营范围、风险控制要求以及对违法违规行为的处罚措施等。法律体系的构建不仅为金融市场参与者提供了明确的行为指南，也确保了金融活动的合法性和规范性。

（1）明确规则，指引行为

一套完整的金融法律法规体系，为金融市场参与者提供了清晰、明确的行为指南。这些规则不仅规定了金融市场的运作方式，还明确了金融机构的设立条件、业务经营范围、风险控制要求等，确保所有市场活动都在法律的要求下进行。

（2）规范市场，促进发展

健全的法律法规体系有助于规范金融市场的竞争秩序，防止不正当竞争和垄断行为的发生。同时，法律法规体系为金融机构提供了公平的竞争环境，促进了金融产品和服务的创新与发展，推动了金融市场的整体繁荣。

（3）强化责任，保障权益

法律法规还明确了金融机构和市场主体在金融市场中的权利与义务，以及对违法违规行为的处罚措施。这有助于强化市场参与者的责任意识，保障投资者的合法权益，增强金融市场的稳定性。

2.法律的执行

除了制定法律，经济管理部门还应有效监督法律的实施情况，确保金融机构和市场主体遵守法律规定，维护金融市场的公平、公正。有效的法律执行机制能够震慑违法违规行为，保障金融市场的稳定和安全。具体表现如下：

（1）严格监管，震慑违法

在经济管理活动中，监管部门应严格监督金融法律法规的实施情况，对违法违规行为进行惩罚。这种有效的法律执行机制能够形成强大的震慑力，让潜在的违法者不再做出违法行为，从而维护金融市场的正常秩序。

（2）公开透明，增强信任

相关管理部门在法律执行过程中坚持公开透明原则，有助于增强市场参与者对法律制度的信任感。相关管理部门通过及时公布执法结果、接受社会监督等方式，可以确保法律执行的公正性和权威性，为金融市场的健康发展营造良好的外部环境。

（3）动态调整，适应变化

随着金融市场的不断发展和变化，相关立法机关也需要对法律法规进行适时的修订和完善，密切关注市场动态和监管需求的变化，及时调整和完善法律法规体系，以适应金融市场发展的新要求和新挑战。

（二）监管政策与市场机制得到完善

1.制定与执行审慎监管政策

经济管理机构通过制定与实施审慎监管政策，对金融机构的资本充足率、风险管理、内部控制等提出了严格要求，确保金融机构具备足够的抵御风险的能力。这有助于防止金融机构过度扩张和承担过高风险，保护投资者的利益。经济管理机构可以从以下方面入手，发挥作用：

（1）强化资本充足率要求

经济管理机构应确保金融机构拥有足够的资本来避免潜在的损失，这是防范金融风险的第一道防线。强化资本充足率要求，不仅能够提高金融机构的抗风险能力，还能够增强市场信心。

（2）优化风险管理框架

在经济管理机构的管理下，金融机构建立完善的风险管理体系，包括风险识别、评估、监控和报告等环节，有助于金融机构及时发现并应对潜在的风险因素，避免风险累积和爆发。

（3）加强内部控制

内部控制是金融机构稳定运营的重要保障。审慎监管政策要求金融机构建立内部控制机制，包括明确的职责分工、有效的制衡机制、严格的授权审批制度等，以确保业务操作的合规性和有效性。

2.建立市场准入与退出机制

建立完善的市场准入与退出机制是经济管理推动金融发展的重要表现之一。设定合理的准入门槛，可以筛选出具备良好资质和条件的金融机构进入市场；同时，建立顺畅的退出机制，能够有序处理金融机构的破产清算问题，减少对市场的冲击和负面影响。经济管理机构可以从以下方面入手，发挥作用：

（1）设定合理的准入门槛

根据金融市场的实际情况和发展需要，设定合理的金融市场准入门槛，通常包括注册资本、股东背景、管理能力、业务经验等方面的要求。设定准入门槛旨在筛选出具备良好资质和条件的金融机构进入市场，提高市场的整体竞争力。

（2）促进公平竞争

合理的准入门槛有助于防止市场垄断和不正当竞争行为的发生，能为金融机构提供公平的竞争环境。同时，加强对新设金融机构的监管和指导，可以引导其合规经营、稳健发展。

（3）建立顺畅的退出机制

金融机构的破产清算问题一直是金融市场关注的焦点。建立顺畅的退出机制，可以有序处理金融机构的破产清算问题，减少对市场的冲击和负面影响。建立顺畅的退出机制具体包括制定明确的破产清算程序、保护投资者权益、维护市场稳定等措施。

（三）信息不对称程度与道德风险降低

1.建立信息披露制度

经济管理机构要求金融机构定期披露经营信息、财务状况和风险状况等关键信息，提高市场透明度，降低信息不对称程度。这有助于投资者和监管机构更好地了解金融机构的真实情况，作出更加明智的决策。建立信息披露制度的作用如下：

（1）增强投资者的信心

投资者在充分了解金融机构真实情况的基础上，能够更准确地评估其投资价值和风险水平，从而作出更加明智的投资决策。这种经过充分了解的决策，有助于增强投资者对金融市场的信心。

（2）促进市场公平竞争

信息披露制度有助于降低市场的信息不对称程度，使得所有市场参与者都能在相对平等的条件下进行竞争。这有助于维护市场的公平竞争秩序，促进金融资源的优化配置。

（3）加强监管有效性

监管机构在掌握金融机构的详细信息后，能够更准确地评估其风险状况和经营状况，从而采取有针对性的监管措施。这有助于提升监管的有效性和针对性，确保金融市场的稳定和安全。

2.道德风险防控

通过制定和执行严格的职业道德规范和内部控制制度，经济管理机构能够引导金融机构及其从业人员树立正确的价值观，坚持职业操守，减少因道德风险引发的金融案件和损失。具体表现如下：

（1）树立正确的价值观

经济管理机构通过教育和培训等方式，引导金融机构及其从业人员树立正确的价值观。这有助于他们认识到遵守职业道德、坚持职业操守的重要性，自觉抵制各种违法违规行为。

（2）强化内部控制

强化内部控制是防控道德风险的重要手段。金融机构应完善内部管理机制，明确职责分工和授权审批流程，确保业务操作的合规性和有效性。同时，金融机构要加强对从业人员的监督和考核，及时发现并纠正违规行为。

（3）加大惩罚力度

对于违反职业道德和职业操守的行为，经济管理机构应依法依规进行严肃处理，加大惩罚力度和曝光力度，形成强大的震慑力，让从业人员认识到违规行为的严重后果。

（四）公平竞争与有序运行得到保障

1.反垄断与反不正当竞争

反垄断与反不正当竞争是经济管理机构保障金融市场公平竞争与有序运行的重要手段。通过反垄断调查，经济管理机构能够及时发现并打击金融机构的垄断行为和不正当竞争行为，如价格操纵、市场分割、制定排他性协议等。反垄断与反不正当竞争的具体作用如下：

（1）激发创新活力

采取反垄断措施有助于打破市场垄断，为中小金融机构提供更多的发展空间和机会，从而激发整个金融市场的创新活力。在公平竞争的环境中，金融机构将更加注重产品和服务的创新，以满足市场需求，提高金融服务的质量和效率。

（2）保护消费者权益

不正当竞争行为往往会损害消费者的权益。通过采取反不正当竞争措施，经济管理机构能够保护消费者的合法权益，维护市场的公平性和公正性。

2.危机应对与处置

金融市场具有高度的不确定性和风险性，金融危机或突发事件的发生可能会对市场造成严重影响。因此，经济管理机构需要建立危机应对与处置机制，以确保金融市场的有序运行。

（1）迅速启动应急预案

在危机发生时，经济管理机构应迅速启动应急预案，采取有效措施稳定市场信心，防止风险扩散和蔓延。应急预案的内容一般应包括提供流动性资金、协调金融机构之间的合作、加强信息披露等。

（2）总结经验教训

危机是对金融监管体系和市场机制的考验。经济管理机构应在危机过后及时总结经验教训，分析危机产生的原因和暴露的问题，不断完善金融监管体系和市场机制，提高金融体系的抗风险能力。

（3）加强国际合作

在全球化背景下，金融市场的危机往往具有跨国传播的特点。因此，经济管理机构应加强与国际金融组织和其他国家经济管理机构的合作与交流，共同应对全球性金融危机和突发事件。

二、宏观经济政策的引导

经济管理通过货币政策、财政政策等宏观政策的制定和实施，对金融市场的供求、利率、汇率等关键变量进行调控，从而影响金融市场的运行和发展方向。例如，宽松的货币政策可以刺激信贷投放，促进金融市场活跃度提高；积极的财政政策则可以通过增加政府支出等方式，增强金融市场的流动性。具体表现在以下方面：

（一）货币政策

1.调控资金供求

货币政策首先通过调控货币供应量，直接影响金融市场的资金供求状况。在经济增长放缓或面临下行压力时，中央银行通常采取宽松的货币政策，如降低存款准备金率、公开市场操作等，以增加货币供应量。这一举措能够降低市场利率，刺激银行信贷投放，增加市场流动性。充裕的资金供应有助于企业获得融资支持，扩大生产投资，从而促进经济回暖，提高金融市场活跃度。反之，在经济过热或通胀压力上升时，中央银行则会采取紧缩的货币政策，减少货币供应，控制信贷扩张，防止经济过热和金融风险积累。

2.调节利率

货币政策还通过调整基准利率等措施，影响市场利率水平，进而调节资金成本和投资回报。基准利率变动带来的影响会迅速传导至整个金融市场，影响存贷款利率、债券收益率等关键经济指标。这种政策导向有助于引导资金流向更具潜力和效益的领域，促进产业结构优化升级和经济高质量发展。同时，利率调节也是中国人民银行实现货币政策目标的重要手段之一，如通过调整利率水平来缓解通货膨胀、促进经济增长。

3.稳定汇率

在某些情况下，货币政策还涉及对汇率的调控。汇率作为国际金融市场的重要价格信号，对国际贸易、资本流动和金融市场稳定具有重要影响。通过调整汇率政策，中央银行可以使汇率保持在合理水平，降低因汇率波动带来的金融风险和市场不确定性。稳定的汇率有助于降低国际贸易的风险，促进国际贸易和投资活动的顺利开展。同时，合理的汇率水平也有助于平衡国内外经济，促进国内经济的稳定增长，维护金融市场的稳定。

（二）财政政策

1.增加政府支出

增加政府支出，特别是针对基础设施建设、社会保障体系完善等关键领域的支出，能够直接刺激经济增长和市场需求。这些支出项目不仅提高了社会公共服务的水平，还创造了大量的就业机会，促进了居民收入的增加。同时，基础设施的完善为经济活动的顺畅进行提供了有力保障，降低了企业的运营成本，提高了生产效率。更重要的是，政府支出的增加需要金融市场提供资金支持，从而带动了金融市场的融资活动，增强了金融市场的流动性，促进了金融市场的繁荣。

2.减税降费

减税降费是财政政策的重要组成部分。国家通过减轻企业和个人的税收负担，能够直接增加他们的可支配收入。对于企业而言，减税降费降低了经营成本，增加了利润空间，增强了其投资意愿和创新能力；对于个人而言，减税降费则提高了消费能力，促进了消费升级，有利于扩大内需。这种双重效应共同作用于经济体系，促进了金融市场的发展。此外，减税降费还增强了市场主体的信心和活力，为金融市场创造了更加有利的外部环境，吸引了更多的资金流入金融市场。

3.加强债务管理

财政政策还涉及政府债务管理。合理控制政府债务规模、优化债务结构、降低债务成本等措施，是维护政府信用和维持金融市场稳定的关键。政府债务作为金融市场的重要投资品种之一，其规模和利率水平的变化对金融市场具有重要影响。通过加强债务管理，政府可以确保债务的可持续性，降低违约风险，从而维护金融市场的稳定。同时，政府还可以通过债务融资来支持经济建设，为经济增长提供动力。需要注意的是，过度的债务积累也可能带来金融风险，因此政府需要在加强债务管理和促进经济增长之间找到平衡点。

三、金融市场机制的完善

经济管理对金融发展的作用，还表现在促进金融市场机制的完善。金融市场机制包括价格发现机制、风险管理机制、信息披露机制等。这些机制的完善有助于提高金融市场的运行效率，降低交易成本，增强市场参与者的信心。经济管理在推动金融市场机制完善方面的作用具体表现在以下方面：

（一）价格发现机制的完善

价格发现机制是金融市场的核心机制之一，它通过市场竞争和供求关系的变化，自动形成和调节资产价格。经济管理在促进价格发现机制的完善方面的作用有以下几个：

1.提升市场透明度

经济管理机构加强信息披露，能够提高市场透明度，提高市场价格的有效性，确保市场参与者获取充分、准确、及时的信息，从而作出理性的投资决策。对此，经济管理机构可以从以下几个方面努力：

（1）强化信息披露规则

制定和完善信息披露的法律法规，明确市场参与者的信息披露义务和违规处罚措施，确保信息的真实性、准确性和及时性。

（2）建立统一的信息平台

构建集中、高效的信息披露平台，便于市场参与者快速获取所需信息，降低信息收集成本。

（3）提高信息披露质量

鼓励市场参与者采用标准化、规范化的信息披露方式，提高信息的可比性和可读性，减少对信息的误解和误判。

2.优化交易机制

经济管理机构引入先进的交易技术和平台，可以提高交易的便捷性和效率。例如，电子交易系统的普及极大地降低了交易成本，加快了交易速度，使得价格发现过程更加迅速和准确。对此，经济管理机构可采取以下措施：

（1）引入先进的交易技术

鼓励和支持金融科技的应用和发展，鼓励金融机构加强与区块链、人工智能、大数据等技术的融合，提高交易的自动化和智能化水平。

（2）完善电子交易系统

加强电子交易系统的建设和维护，确保其安全、稳定、高效运行。通过完善电子交易系统，降低交易成本，加快交易速度，提高交易效率。

（3）创新交易方式

探索和推广新的交易方式和模式，以满足不同市场参与者的需求，提高市场的流动性。

（二）风险管理机制的完善

1.建立健全风险管理体系

风险管理体系包括风险识别、评估、监控和应对等环节，建立健全风险管理体系能够确保金融机构和市场及时发现并有效消除潜在风险。

（1）风险识别

风险识别指的是金融机构通过数据收集、分析和监测，及时发现自身和金融市场中的潜在风险点。这要求金融机构建立完善的风险识别机制，运用先进的风险识别技术和方法，确保风险识别的准确性和及时性。

（2）风险评估

风险评估指的是对识别出的风险进行量化评估，确定其可能带来的损失程度和损失的影响范围。风险评估应基于科学的方法，充分考虑各种不确定性和风险因素，确保评估结果的客观性和准确性。

（3）风险监控

风险监控指的是对风险进行持续监控和跟踪，及时发现风险变化趋势和异常情况。金融监管机构应建立有效的监控指标和预警机制，确保风险监控的实时性和有效性。

（4）风险应对

风险应对指的是根据风险评估和监控结果，采取相应的风险应对措施。风险应对应综合考虑风险类型、影响程度和经济组织承受能力等因素，采取适当的风险缓释、转移或承担策略，确保风险得到有效控制和管理。

2.推动风险管理工具创新

经济管理能够推动金融机构对新的风险管理工具和技术进行开发和利用，以更加灵活和高效的方式管理风险。

（1）衍生品创新

金融机构可以开发和应用新的衍生品工具，如期权、期货等，以更加灵活和精准的方式管理市场风险、信用风险等。衍生品创新应基于市场需求和风险管理需求，确保其在风险管理中发挥积极作用。

（2）保险产品创新

金融机构可以推动保险产品创新，为金融市场提供更加全面和具有个性化的保险保障。保险产品创新应关注金融机构和市场的特定风险点，设计能够满足风险管理需求的保险产品，提高风险管理的针对性和有效性。

（3）技术驱动创新

金融机构利用大数据、人工智能、区块链等先进技术，推动风险管理工具的智能化和自动化发展。技术驱动创新可以提高风险管理的准确性，降低操作风险发生的概率。

3.加强跨部门监管协调

经济管理可以推动建立健全跨部门监管协调机制，确保不同监管机构之间的信息共享和协同监管，共同维护金融市场的稳定和安全。

（1）建立信息共享机制

建立信息共享机制能够实现监管机构之间的信息共享和互通。信息共享机制应确保信息的及时性、准确性和完整性，为监管机构提供全面、准确的监管信息支持。

（2）建立协同监管机制

监管机构之间应加强协同，共同应对金融市场的风险和挑战。协同监管机制应明确各监管机构的职责和权限，建立有效的沟通和协作机制，确保监管工作协调高效。

（3）建立联合执法机制

对于跨市场、跨行业的金融风险和违法违规行为，需要建立联合执法机制，加大监管机构的执法力度，提高其协作能力。联合执法机制应确保执法工作的公正性、权威性和有效性，维护金融市场的公平、公正。

（三）信息披露机制的完善

信息披露是金融市场透明度的重要体现，也是保护投资者利益的关键环节。经济管理在完善信息披露机制方面的作用如下：

1.保障信息披露的完整性

明确金融机构和上市公司等市场参与者的信息披露义务，确保披露信息的真实性、准确性和完整性。

（1）完善信息披露内容

信息披露内容应涵盖财务报告、重大事项公告、公司治理结构等多个方面，确保市场参与者能够全面、准确地了解公司的经营状况和潜在风险。

（2）提升信息披露透明度

将信息披露的要求标准化，减少信息披露内容的歧义，提高市场透明度，为投资者提供清晰的信息。

（3）建立健全相关法律法规体系

将信息披露标准纳入法律法规体系，为监管执法提供法律依据，确保信息披露标准的权威性和可执行性。

2.加强信息披露监管执法

加强信息披露监管执法，指的是对违反信息披露规定的市场参与者进行严厉处罚，提高违法成本，形成有效的市场约束机制。

（1）严格执法

监管机构应加强对市场参与者的日常监管和定期检查，及时发现并纠正信息披露违规行为。对于严重违规行为，监管机构应依法予以严厉处罚。

（2）公开执法

信息披露监管执法过程应公开透明，及时向社会公布处罚结果和违规案例，增强市场参与者的法律意识和合规意识。

（3）跨部门协作

各监管机构应加强跨部门协作，形成监管合力，共同打击信息披露领域的违法违规行为。

第二节　金融发展对经济管理的支持作用

一、优化资金配置

金融发展使得资金能够更加高效地从盈余部门流向短缺部门，促进了资金的优化配置。金融市场通过提供多样化的金融工具和融资方式，满足了不同经济主体的资金需求，推动了经济的持续增长。在优化资金配置方面，金融发展的作用主要有以下几个：

（一）提高资金流动率

金融市场通过提供多元化的融资渠道和金融工具，如股票、债券、银行贷款等，使得资金能够在不同经济主体之间自由流动。资金流动的高效性不仅降低了资金转移的成本和时间，还使得资金能够迅速响应市场需求的变化，实现资源的优化配置。例如，在实体经济中，新兴产业和创新型企业往往面临资金短缺的问题，而金融市场则能够通过风险投资、股权融资等方式，为新兴产业和创新型企业提供必要的资金支持，促进其快速发展。金融发展对提高资金流动效率的作用具体体现在以下方面：

1.降低交易成本

金融市场通过多元化的融资渠道，如银行贷款、发行债券、发行股票等，可以降低资金在不同经济主体间转移的交易成本。这些融资渠道通过标准化合约、集中交易等方式，避免了信息不对称，降低了谈判成本，加速了资金流动。

2.增强市场灵活性

金融工具的多样性，如债券、贷款、股权等，为有不同资金需求的经济主体提供了多样化的选择。这种金融工具选择的灵活性使得资金能够迅速适应市场需求的变化，实现资源的即时调配。

3.促进资本形成

金融市场通过吸引储蓄并转化为投资，促进了资本的形成。高效的资金流动机制使得储蓄者能够将资金投入最有价值的项目中，从而提高资本的配置效率。

4.支持技术创新

金融市场在支持新兴产业和创新型企业发展方面具有重要作用。新兴产业和创新型企业往往因高风险、高投入而难以从传统融资渠道获得资金。金融市场通过风险投资等方式，为这些企业提供了必要的资金支持，促进其快速发展和技术创新。

（二）满足不同经济主体多样化的资金需求

不同经济主体在发展过程中具有不同的资金需求特点。传统企业可能更依赖于银行贷款等间接融资方式，而创新型企业则更倾向通过股票市场进行直接融资。金融市场的多样化发展，使得不同类型的企业都能够找到适合自己的融资方式，从而使自身资金需求得到满足。这不仅促进了经济的多元化发展，还扩大了金融服务的覆盖面。具体来说，金融发展在满足不同经济主体多样化资金需求方面的作用体现在以下方面：

1.融资方式与融资工具多样化

（1）间接融资与直接融资并存

传统企业在融资时往往依赖银行贷款等间接融资方式，间接融资方式以金融机构为中介，降低了信息搜集和风险评估的成本。而创新型企业则更倾向通过股票市场进行直接融资，以获取更长期的资金支持并分散股权风险。金融市场的多样化发展，使得间接融资与直接融资能够并存，满足了不同企业的融资需求。

（2）创新融资工具

除传统的银行贷款和发行股票外，金融市场还不断推出新的融资工具，如资产证券化产品、风险投资基金等。这些融资工具为不同类型的企业提供了更多元化的融资选择，使得企业能够根据自身的实际情况和资金需求，选择最合适的融资方式。

2.资金需求定制化

不同经济主体在发展过程中对资金规模和期限的需求各不相同。金融市场通过提供不同规模和期限的融资产品，可以满足不同企业的个性化资金需求。例如，初创企业为了进行产品研发和市场推广，可能需要小规模的短期资金支持；而成熟企业为了实施扩张和并购计划则可能需要更大规模的长期资金支持。

3.金融服务普及与风险承受能力匹配

（1）金融服务普及

随着金融市场的不断发展，金融服务的覆盖面不断扩大，渗透率不断提高。特别是在互联网金融和普惠金融的推动下，更多的中小企业和偏远地区的企业能够享受到便捷的金融服务。这不仅促进了经济的均衡发展，还提高了金融资源的利用效率。

（2）风险承受能力匹配

对于高风险、高成长性的企业，如创新型企业，金融市场可以通过风险投资等方式，为其提供资金支持；而对于风险承受能力较低的企业，则可以通过银行贷款、发行债券等相对稳健的融资方式获取资金。

（三）推动经济增长

资金配置的优化是推动经济增长的重要动力之一。当资金能够高效地从低效率部门流向高效率部门时，整个经济体系的运行效率将得到显著提升。例如，在产业结构升级过程中，金融市场能够通过资金引导，推动传统产业实现转型升级。这种转型升级不仅提高了产业竞争力，还带动了相关产业链的发展，形成了新的经济增长点。具体来说，金融发展在推动经济增长方面的作用体现在以下方面：

1.提高经济体系运行效率

（1）资源再分配效应

金融市场通过价格机制和风险评估，引导资金从低效率部门向高效率部门流动。这种资源再分配不仅减少了资金的浪费，还提高了经济体系的运行效率。金融市场将资金配置到具有更高生产效率和增长潜力的项目中，能够使整个社会的产出水平和经济增长速度得到提升。

（2）市场激励机制

金融市场通过提供资本回报预期，激励企业优化经营策略、提高生产效率和技术创新。这种市场激励机制促使企业不断追求技术进步和产业升级，从而推动经济向更高质量、更高效率的方向发展。

2.促进产业结构升级

（1）资金引导

在产业结构升级过程中，金融市场发挥着重要的资金引导作用。通过为高新技术产业和现代服务业提供资金支持，金融市场能够推动新兴产业的快速发展。同时，传统产业在面临资金压力和市场竞争时，也会加快转型升级的步伐，以适应新的经济环境和市场需求。

（2）产业链协同发展

产业结构升级不仅仅是单一产业的变革，更是整个产业链的协同发展。金融市场通过为产业链上下游企业提供融资支持，促进产业链各环节的紧密合作和资源共享。这种产业链协同发展不仅提高了产业链的整体竞争力，还带动了相关产业的快速增长。

3.形成新的经济增长点

（1）创新驱动发展

金融发展在推动经济增长的过程中，特别注重创新驱动发展模式的应用。通过为创新型企业和高科技项目提供资金支持，金融市场促进技术创新和成果转化。这些创新成果不仅提高了产品的附加值和市场竞争力，还带动了相关产业的发展和升级，形成了新的经济增长点。

（2）形成多元化经济增长格局

随着金融市场的不断发展和完善，经济增长的格局也日益多元化。不同产业、不同地区、不同规模的企业都能够在金融市场中找到适合自己的融资方式和发展路径。这种多元化的经济增长格局不仅能够提高经济的稳定性和抗风险能力，还能够促进经济的持续、健康发展。

（四）加强资金管理

金融发展还促进了资金管理的加强。金融市场通过提供管理工具和服务，帮助企业和个人提高经营稳定性。同时，金融市场还通过信息披露和监管等机制，提高市场透明度，增强市场规范性，避免了信息不对称和道德风险等问题。这些措施不仅保护了投资者的利益，还增强了市场参与者的信心和稳定性，为经济的长期健康发展提供了有力保障。

1.提升信息披露水平

（1）建立信息披露制度

金融市场的发展对信息披露水平提出了更高的要求。信息披露制度提高了市场的透明度，使投资者能够更全面地了解市场状况和风险情况，从而作出更明智的决策。

（2）健全信用评级体系

专业的信用评级机构对债券、贷款等金融产品进行信用评级，能为投资者评估信用风险提供重要依据。信用评级体系的健全能够避免信息不对称，提高市场的整体信用水平。

2.强化监管力度

（1）法律法规建设

政府通过制定和完善金融法律法规，为金融市场的规范运行提供了法律保障。这些法律法规明确了市场参与者的权利与义务，规定了市场行为准则和处罚措施，能有效预防违法违规行为的发生。

（2）监管机构的监督

监管机构通过现场检查、非现场监管等手段，对金融机构和市场参与者的行为进行持续监督。这种监督有助于及时发现和纠正市场中的问题，维护市场的稳定，促进经济健康发展。

3.增强市场参与者的信心

（1）加强对投资者的保护

金融市场通过加强对投资者的保护，提高投资者的风险意识和自我保护能力。同时，打击内幕交易、操纵市场等违法违规行为，维护市场的公平性和公正性，增强投资者的信心和稳定性。

（2）稳定市场预期

金融市场能提供丰富的管理工具和透明的信息披露机制，有助于稳定市场预期。当市场面临不确定性时，投资者可以利用管理工具进行对冲操作。同时，透明的信息披露机制也有助于投资者更准确地判断市场走势和制定投资策略。

二、创新风险管理

随着金融市场的不断发展，金融机构和投资者不断创新风险管理工具和方法，提高对金融风险的识别、评估和控制能力。这不仅有助于维护金融市场的稳定，还为经济管理提供了更加有效的风险管理手段。金融发展在创新风险管理方面的作用具体如下：

（一）创新风险识别技术

随着大数据、人工智能等先进技术的广泛应用，金融机构在风险识别方面取得了显著进步。通过收集和分析海量数据，金融机构能够更加准确地识别出潜在的风险因素和隐患，为风险管理提供有力支持。

1.大数据技术的应用

（1）数据集成与挖掘

大数据技术的核心在于强大的数据集成与挖掘能力。金融机构通过收集来自交易系统和市场的海量数据，利用大数据技术对这些数据进行整合与分析，能够揭示数据背后隐藏的关联与规律，从而发现潜在的风险因素与隐患，提前做好应对。

（2）实时风险监控

大数据技术使得金融机构能够更好地实现对市场、客户及交易行为的实时监控。通过构建实时数据处理与分析系统，金融机构可以迅速捕捉到市场波动、交易异常等风险信号，为及时采取风险管理措施提供有力支持。

2.人工智能技术的应用

（1）机器学习算法

在人工智能技术中，机器学习算法使风险识别产生了革命性的变化。通过训练机器学习模型，金融机构能够了解历史风险事件的特征与规律，并自动将这些知识应用于新的风险识别场景中。例如，利用深度学习算法对交易

99

行为进行模式识别，可以精准地识别出欺诈交易、内幕交易等高风险行为。

（2）自然语言处理技术

在风险识别领域，自然语言处理技术也发挥着重要作用。金融机构可以利用自然语言处理技术对文本信息进行情感分析、主题提取等操作，从而挖掘出隐藏在文本中的风险信息。例如，通过分析社交媒体上的舆情信息，金融机构可以及时发现市场对某一事件的反应，从而为应对类似的风险事件做好准备。

3.技术与业务深度融合

（1）定制化风险识别模型

金融机构在利用大数据技术与人工智能技术进行风险识别时，注重将这些技术与自身业务特点进行深度融合。通过构建定制化的风险识别模型，金融机构能够更准确地识别出与自身业务相关的特定风险因素，提高风险识别的针对性和有效性。

（2）跨部门协作与信息共享

风险识别是一个涉及多个部门与环节的复杂过程。金融机构加强跨部门协作与信息共享，能够形成风险识别的合力。大数据技术与人工智能技术的应用为跨部门协作与信息共享提供了有力支持，使得金融机构能够更快地获得全面的风险信息。

（二）优化风险评估模型

风险评估是风险管理的关键环节。金融机构通过不断优化风险评估模型，能够提高对风险的量化分析和预测能力。这些风险评估模型能够综合考虑多种因素，如市场环境、信用状况、财务状况等，对风险进行全面评估，并给出相应的风险等级和预警信号。这有助于金融机构更加准确地把握风险状况，制定更加有效的风险管理策略。优化风险评估模型的做法具体如下：

1.多维度因素考量

现代风险评估模型不再局限于单一维度的分析，而是综合考虑市场环境、信用状况、财务状况、行业趋势、政策变动等多种因素。这种多维度因素考量使得风险评估更加全面和深入，能够更准确地反映风险的本质和潜在影响。

2.量化分析与预测

通过运用统计学中的高级分析方法，风险评估模型能够对历史数据进行深入挖掘，发现风险与各种因素之间的内在联系和规律。同时，结合宏观经济预测、市场走势分析等手段，风险评估模型能够进一步预测未来风险的变化趋势和可能的影响范围，为金融机构提供具有前瞻性的风险预警。

3.动态调整与迭代优化

金融市场环境瞬息万变，风险评估模型需要不断适应新的市场条件和风险特征。因此，金融机构要定期对风险评估模型进行审查和更新，根据市场反馈和实际效果进行动态调整。这种动态调整与迭代优化的过程使得风险评估模型能够保持有效性和准确性，为金融机构的风险管理提供有力支持。

（三）创新风险管理工具

为了应对日益复杂的金融市场环境，金融机构要不断创新风险管理工具。例如，衍生品市场为投资者提供了丰富的对冲工具，帮助投资者有效应对市场风险。同时，保险公司也推出了各种新型保险产品，为金融机构和企业提供了更加全面的风险保障。此外，一些金融机构还通过设立风险投资基金、参与信用担保等方式，为中小企业和创新型企业提供风险分担和资金支持。

1.衍生品市场的对冲工具

衍生品市场为投资者提供了多样化的对冲工具，如期货、期权等。这些工具允许投资者通过构建对冲组合来降低市场风险，实现对风险的有效管理。例如，企业可以利用期货合约，锁定原材料成本或产品价格，以应对市场价格波动带来的风险。

2.新型保险产品

保险公司紧跟市场需求变化，不断推出新型保险产品，以满足金融机构和企业的风险管理需求。信用保险、保证保险等新型保险产品为金融机构和企业的信贷业务、贸易活动等提供了更加全面的风险管理保障。这些保险产品通过分散风险、降低损失等方式，增强了金融机构和企业的抗风险能力。

3.风险投资基金与信用担保

为了支持中小企业和创新型企业的发展，一些金融机构通过设立风险投资基金、参与信用担保等方式来提供风险分担和资金支持。风险投资基金通过投资具有高增长潜力的企业，分享其未来的收益；而参与信用担保则通过为中小企业提供担保服务来降低其融资难度和成本。这些措施不仅有助于缓解中小企业的融资压力，还促进了金融市场的多元化发展。

（四）运用多样化的风险管理策略

随着风险管理工具的创新，金融机构的风险管理策略也日益多样化。金融机构不再仅仅依赖于传统的信贷风险管理手段，而是更加注重综合运用多种风险管理策略，如资产负债管理、流动性风险管理、操作风险管理等，这些管理策略相互补充、相互协调，共同构成了金融机构的全面风险管理体系。具体的风险管理策略如下：

1.资产负债管理

作为传统但至关重要的风险管理策略，资产负债管理旨在通过合理配置资产与负债的期限、利率结构等，降低利率风险。现代金融机构运用先进的量化分析工具，如免疫策略等，对资产负债进行精细化管理，以应对市场利率波动等不确定因素。

2.流动性风险管理

流动性风险是金融机构面临的又一重要风险。金融机构通过制定流动性风险管理策略，如建立多元化的融资渠道、设定流动性预警指标、实施压力测试等，确保在面临突发情况时有足够的流动性资金的支持。同时，金融机构还通过优化资产结构、提高资金使用效率等方式，提高自身的资金流动性管理水平。

3.操作风险管理

随着金融科技的快速发展，操作风险日益凸显。金融机构通过引入内部控制框架、实施风险识别与评估、加强员工培训等措施，降低操作风险的发生概率。同时，利用信息技术手段，如人工智能技术、大数据技术等，对操作风险进行实时监控和预警，提高风险管理效率。

此外，金融机构逐渐意识到单一风险管理策略已难以满足复杂多变的市场环境需求，因此纷纷构建全面风险管理体系。该体系将各类风险纳入统一管理范畴，通过制定统一的风险管理政策，建立跨部门的风险管理机制，实现风险信息的共享与整合等方式，提高金融机构的整体风险管理能力。

（五）加强监管与自律

风险管理的创新还体现在加强监管与自律方面。随着金融市场的快速发展，监管机构不断完善监管制度和规则体系，加大对金融机构的监管力度。同时，金融机构也更加注重自律管理，建立健全内部控制体系和风险管理机制，确保业务活动和业务流程合规、合法。这种监管与自律的有机结合，为经济的稳定、健康发展提供了有力保障。

1.监管制度的完善

监管机构紧跟金融市场发展步伐，不断完善监管制度和规则体系。监管机构制定更加严格的监管标准，加强对金融机构的现场检查与非现场监管，实施风险评估与分类监管，提升监管的有效性和针对性。同时，监管机构还加强与其他国家和地区在金融监管领域的合作与交流，借鉴国际先进监管经验，提升我国金融市场的国际竞争力。

2.自律管理的强化

金融机构作为市场的重要参与者，其自律管理对于维护市场稳定具有重要意义。金融机构通过建立健全内部控制体系和风险管理机制，加强员工培训与文化建设，积极履行社会责任，提升自身的合规意识和风险管理水平。同时，金融机构还通过行业协会等组织加强自律管理，共同维护金融市场秩序的稳定。

3.监管与自律管理的有机结合

在金融市场的发展过程中，监管与自律管理具有相互补充、相互促进的作用。监管机构通过制定监管政策、实施监管措施等方式为金融机构提供指导和支持；而金融机构则通过加强自律管理、提升风险管理水平等方式，积极响应监管要求并主动承担社会责任。这种监管与自律管理的有机结合为金融市场的稳健发展提供了有力保障。

三、强化政策传导

金融发展使得宏观经济政策能够更加迅速、有效地传导至实体经济。例如，货币政策的变化可以通过金融市场迅速对信贷条件、投资行为和消费行为产生影响，从而实现政策目标。这种高效的政策传导机制有助于经济管理部门更好地把握经济形势，制定和实施有针对性的政策措施。金融发展在强化政策传导方面的作用具体如下：

（一）增强信贷市场的敏感性

金融市场的发展使得信贷市场对于货币政策的变化更加敏感。中国人民银行通过调整存款准备金率、公开市场操作等手段，可以迅速影响商业银行的信贷投放能力和成本。这种政策变化可以通过金融市场迅速传导至实体经济，影响企业的融资成本和投资意愿，进而调节社会总需求，推动经济稳步增长。信贷市场敏感性的增强，使得货币政策能够更加有效，这有利于宏观调控目标的实现。具体来看，金融发展对于增强信贷市场敏感性的作用体现在以下几个方面：

1.政策工具的精细化操作

中国人民银行通过调整存款准备金率、公开市场操作、调整再贴现率等多种政策工具，能够实现对金融市场流动性的精准调控。这些政策工具的运用，能够影响商业银行的信贷投放能力，进而传导至实体经济，影响企业的融资行为。

2.金融市场价格信号的灵敏反应

金融市场上的利率、汇率等价格信号是货币政策传导的重要媒介。随着金融市场的发展，这些价格信号对货币政策变化的反应更加灵敏和迅速。例如，当中国人民银行降低存款准备金率时，市场上的资金供给增加，推动市场利率下行，进而降低企业的融资成本，刺激投资和消费。

3.信贷市场结构的优化

金融市场的多元化发展促进了信贷市场结构的优化，使得不同类型的融资主体能够更加便捷地获得融资支持。信贷市场结构的优化不仅提高了信贷市场的效率，也使得货币政策能够更加广泛地覆盖实体经济，增加政策传导的覆盖面，提高政策传导的有效性。

（二）促进投资和消费行为响应

金融市场的发展能够促进投资行为和消费行为对政策变化的快速响应。例如，国家采取宽松的货币政策时，金融市场上的资金供给增加，融资成本降低，这会激发企业和个人的投资和消费热情。同时，金融市场的信息传递功能使得投资者能够及时了解政策变化，并据此调整自己的投资策略。这种快速响应机制有助于政策效果在短时间内显现，有利于经济结构的调整和经济的健康发展。金融发展在促进投资和消费行为响应方面的作用具体体现在以下几点：

1.信息传导的高效性

金融市场作为信息汇聚和传递的平台，能够迅速将政策变化转化为市场上的价格信号，并传递给投资者和消费者。这些信号包括市场利率的变动、融资成本的调整等，它们直接影响企业和个人的投资决策和消费计划。

2.投资者投资策略的调整

面对政策变化带来的信号，投资者会根据自身的风险偏好和投资目标，灵活调整投资策略。例如，在货币政策宽松的背景下，投资者可能会增加对高风险、高收益产品的投资，以获取更高的资本增值；而在货币政策收紧时，投资者则可能转向更为稳健的投资产品，以规避风险。

3.消费行为的前瞻性引导

金融市场的信息传递不仅影响投资者的行为选择，也会对消费者的消费行为产生重要影响。消费者通过关注金融市场动态和政策变化，形成对未来经济走势的预期，并据此调整自己的消费计划和储蓄行为。例如，在预期未来经济向好、收入增加的情况下，消费者可能会增加当前消费；而在经济不景气时，消费者则可能减少当前消费，增加预防性储蓄，以应对不确定性风险。

（三）形成政策反馈机制

金融市场的发展不仅能有效传导政策效果，还能够提供政策效果的实时反馈。金融市场上的交易活动能够反映市场参与者对未来经济走势的预期和判断，这种预期和判断又会进一步影响市场参与者的行为决策。因此，政策出台后，金融市场上的行为决策的变化往往能够提前预示政策效果，形成政策反馈。这种政策反馈机制有助于经济管理部门及时评估政策效果，调整政策方向和力度，以更好地实现政策目标。金融发展对形成政策反馈机制的作用具体体现在以下几个方面：

1.市场预期的传导

金融市场上的各类交易活动，如股票买卖、债券发行与交易、衍生品合约的签订等，都是市场参与者基于当前市场信息和对未来经济走势的预期所作出的决策。政策出台后，市场参与者会立即评估政策对经济的影响，并调整交易行为。这些行为变化通过交易价格、成交量等市场指标表现出来，为政策制定者提供了宝贵的反馈信息。

2.政策效果的提前预示

金融市场上的行为决策变化往往能够较快地反映政策效果，形成政策反馈。这是因为金融市场具有高度的流动性和信息敏感性，能够迅速捕捉到政策变化带来的市场信号，并通过交易行为将这些信号传递给市场参与者。金融市场所具有的这种提前预示功能有助于政策制定者及时评估政策效果，为后续的政策调整提供重要参考。

3.政策调整的依据

金融市场提供的实时反馈为政策制定者提供了对政策进行动态调整的依据。当反馈的政策效果与预期存在偏差时，政策制定者可以根据金融市场的情况，及时调整政策措施，以确保政策目标的实现。这种灵活的调整机制有助于增强政策的有效性。

（四）增强政策的针对性

金融市场的多样性发展也为经济政策提供了更加丰富的传导渠道和工具。不同类型的金融市场和金融工具对政策变化的敏感度和反应速度存在差异，这使得经济管理部门可以根据政策目标和经济形势的需要，选择合适的传导渠道和工具来实施政策。具体来看，金融发展对增强政策针对性的作用体现在以下几个方面：

1.提供多样化的传导渠道

金融市场包括股票市场、债券市场、外汇市场、商品市场等多个子市场，每个子市场都有独特的运行规律和特点。这些子市场通过资金流动、价格联动等方式相互关联，共同构成了复杂的金融市场体系。在经济管理中，政策制定者可以根据政策目标，选择合适的子市场作为政策传导的主要渠道。例如，在需要快速刺激经济增长时，经济管理部门可以选择通过股票市场或债券市场等直接融资市场来传导政策；而对于需要稳定物价的情况，经济管理部门则可以通过调整货币供应量等货币政策来影响信贷市场和商品市场。

2.提供丰富的金融工具

金融市场的多样性还体现为能够为政策传导提供丰富的金融工具。这些金融工具包括股票、债券、期货、期权等，每种金融工具都有其特定的功能和风险收益特征。政策制定者可以根据政策目标和市场情况的不同，选择合适的金融工具来实施政策。例如，对于需要降低企业融资成本的情况，经济管理部门可以通过发行政府债券或提供贷款贴息等方式来降低企业的融资成本；而对于需要降低汇率风险的情况，经济管理部门则可以通过外汇衍生品市场来提供汇率风险管理工具。

第三节　经济管理与金融发展的
互动机制

经济管理与金融发展之间存在着相互促进、相互制约的关系。从整体上看，良好的经济管理体系能够促进金融发展，但经济管理过程中的政策制约也可能导致金融风险；金融市场的健康发展能够有效促进经济管理取得良好效果，但金融市场的诸多风险因素也可能导致经济管理出现难以预料的问题，制约经济增长。

一、相互促进

经济管理与金融发展之间存在相互促进的关系。一方面，经济管理的优化为金融发展提供了良好的制度环境和市场条件；另一方面，金融发展的深化又为经济管理提供了更加有效的工具和手段。这种相互促进的关系推动了经济体系的不断完善和发展。经济管理和金融发展之间的相互促进关系具体表现在以下方面：

（一）制度环境的优化

经济管理的优化为金融发展提供了良好的制度保障。通过建立健全法律法规体系、完善监管机制、提高政策透明度等措施，经济管理部门为金融发展创造了公平、公正、透明的市场环境。这种制度环境的优化降低了金融市场的交易成本，减少了金融风险发生的概率，能够激发金融机构和投资者的创新活力，推动金融产品和服务的多元化发展。

（二）运行条件的改善

经济管理的优化改善了金融市场的运行条件。通过发挥财政政策与货币政策的协调配合作用，经济管理部门能够控制社会总供求、保持国际收支平衡，为金融市场的健康发展提供了有力支持。同时，经济管理的优化还促进了产业结构和经济结构的调整与升级，为金融市场提供了更加广阔的投资领域和多元化的融资需求。

（三）金融工具与服务模式的创新

金融发展的深化则为经济管理提供了更加有效的工具和手段。金融市场通过不断创新金融工具和服务模式，如金融衍生品等金融工具和资产证券化、互联网金融等服务模式，为经济管理部门提供了更加灵活多样的政策实施途径。这些金融工具和服务模式不仅有助于降低政策实施成本，保障政策实施效果，还能够使经济管理部门更好地适应复杂多变的经济形势和市场需求。

二、相互制约

经济管理与金融发展之间也存在相互制约的关系。例如，金融市场的过度发展可能导致资产泡沫和金融风险积累，从而对经济稳定造成威胁；而经济管理政策的失误也可能对金融市场造成冲击和破坏。因此，相关人员在加强经济管理、促进金融发展的同时，需要注重两者之间的平衡和协调。经济管理与金融发展之间的相互制约关系具体如下：

（一）金融风险的累积

金融市场的过度发展可能带来一系列潜在风险。例如，过度的信贷扩张和资产泡沫可能导致金融风险的累积，一旦风险暴露，将对经济稳定造成巨大冲击。金融风险不仅会影响金融市场的正常运行，还可能通过传导机制影响到实体经济的发展和宏观经济政策的实施效果。

（二）政策失误的连锁反应

经济管理政策的失误也可能对金融市场造成不利影响。例如，货币政策的过度宽松或过度紧缩都可能导致金融市场的波动和混乱。此外，财政政策的过度扩张或过度紧缩也可能引发债务危机和金融风险。这些政策失误不仅会影响金融市场的稳定发展，还可能通过金融市场的传导效应对实体经济造成冲击。

（三）经济管理与金融发展的平衡与协调

鉴于经济管理与金融发展之间的相互制约关系，相关部门在加强经济管理与促进金融发展的同时，需要注重两者之间的平衡与协调。一方面，相关部门要加强金融监管和风险防范工作，确保金融市场的稳健运行；另一方面，相关部门要优化经济管理政策制定和实施过程，提高政策的前瞻性和科学性。同时，还要加强经济管理部门与金融监管机构之间的沟通与协作机制建设，形成合力，共同应对经济发展过程中的挑战和金融领域的风险。

第六章　第三方支付与经济管理

第一节　第三方支付概述

近年来，随着互联网技术及相关基础建设的快速发展，电子商务行业迅速崛起，并以较快的速度发展，逐渐与我国实体经济深度融合，改变了人们的生活方式。

作为电子商务中不可或缺的关键环节，支付越来越受到重视，而传统支付方式已不能满足电子商务发展的要求。第三方支付具有灵活性、创新性等特点，并在相关信息技术的支持下，能够满足人们日益增长的电子商务支付需求，因此获得了蓬勃的发展。我国第三方支付行业经过多年发展，已经成为我国金融支付体系中的重要组成部分。

第三方支付起源于美国的独立销售组织制度。独立销售组织制度是收单机构在交易处理中委托独立销售组织负责中小商户的发展、服务和管理工作的一种机制。企业在开展电子商务业务时需要建立一个自己的商业账户，在开展业务过程中必须接受信用卡支付，而商业账户的建立需要由相关组织认证的银行同意。收单机构的商户拓展、风险评估、风险管理、终端租赁、终端维护以及客户服务等业务，一般都需要独立销售组织的帮助，独立销售组织扮演着中介角色，维系着商户和收单机构之间的关系。

类似于独立销售组织，第三方支付也在一定程度上在买卖双方之间扮演着中介的角色。所谓第三方支付，就是通过与产品所在国家及国外各大银行签约、由具备一定实力和信誉保障的第三方独立机构提供支付服务的交易支持平台。在通过第三方支付平台进行的交易中，买方选购商品后，使用第三方支付平台提供的账户进行货款支付，由第三方支付平台通知卖家货款到达、进行发货；买方检验物品后，可以通知第三方支付平台付款给卖家，此时第三方支付平台将款项转至卖家账户。在这个过程中，第三方支付平台在买卖双方以及银行之间建立起联系。在传统的交易方式中，当买卖双方所用的银行卡属于不同银行机构时，不得不办理多张银行卡以促成交易实现，而第三方支付平台出现之后，用户仅需要在第三方支付平台上注册账号，并将账号与银行账户进行绑定即可。在整个交易过程中，买卖双方不再需要考虑其开户行是否一致等问题，即可通过第三方支付平台实现高效率、安全、低成本的交易。

一、第三方支付产生的背景

第三方支付的产生，得益于多方面的推动力，下面，笔者将运用 PEST 分析模型①来分析第三方支付产生的背景。

（一）政治背景

国家鼓励行业创新，这使得第三方支付在发展初期得到了国家的相关支持。此外，第三方支付是经济发展中的一个新兴行业，受到宏观政策所带来的不确定因素的影响较大。为了让第三方支付行业得到稳定、健康的发展，中国人民银行先后出台了相关政策来规范第三方支付行业的业务发展，保证在第三方支付的发展过程中，各方利益不受损害。

---

① PEST 分析模型是一种分析企业所处宏观环境的工具，它通过对政治（Politics）、经济（Economy）、社会（Society）和技术（Technology）这四个方面的因素进行分析，帮助企业从总体上把握宏观环境，并评价这些因素对企业战略目标和战略制定的影响。

（二）经济背景

第三方支付是一种支付结算的方式，结算属于贸易的范畴，因此，第三方支付的产生离不开商品贸易对于支付结算方式的需求。在实际的社会经济活动中，贸易的核心是服务商品和款项的交换。交换的方式可分为同步交换和异步交换。

同步交换也就是交货与付款互为条件，即通常所说的"一手交钱，一手交货"。同步交换的结算方式采用一步支付的方式，包括现金结算、票据结算（如支票、银行汇票等）、汇转结算（如网上支付）等，许多传统的贸易活动都属于一步支付方式的服务范畴。

而在实际的经济活动中，特别是在电子商务活动中，很多情况下，由于商品货物的流动、服务劳务的转化等需要时间，所以货物流和资金流之间存在着异步和分离的矛盾，很难实现同步交换，因此多为异步交换，也就是"先交货，后付款"或者"先付款，后交货"。显然，在这种情况下，如果采用一步支付的方式，交易中的一方权益无法得到保障。在当前的有形市场中，为了保障异步交换的顺利进行，市场管理者可以在一步支付的基础上，附加信用保障或法律支持。但是在虚拟市场中，交易双方互不相识，信用保障难以建立，法律支持也面临着一定的障碍。这使得支付问题一度成为电子商务行业发展的重要瓶颈之一。此外，以银行为主导的传统电子支付方式的弊端日益凸显。

为了解决电子商务行业中的支付问题，分步支付方式应运而生。分步支付主要包括信用证结算、保函结算和第三方支付结算等，其中尤以第三方支付结算的发展最为迅速。第三方支付是买卖双方在缺乏信用保障或法律支持的情况下进行资金支付的一个"中间平台"，这种支付方式的实质是在交易双方之间设立一个过渡账户，第三方支付平台担任中介角色，行使保管及监督的职能。

（三）社会背景

根据中国人民银行公布的《2023 年支付体系运行总体情况》，截至 2023 年末，全国共开立银行卡 97.87 亿张，同比增长 3.26%。其中借记卡 90.20 亿张，同比增长 3.92%；信用卡和借贷合一卡 7.67 亿张，同比下降 3.89%。2023 年，银行共处理电子支付业务 2 961.63 亿笔，金额 3 395.27 万亿元，同比分别增长 6.17% 和 9.17%。其中，网上支付业务 948.88 亿笔，同比下降 7.09%，金额 2 765.14 万亿元，同比增长 9.38%；移动支付业务 1 851.47 亿笔，金额 555.33 万亿元，同比分别增长 16.81% 和 11.15%；电话支付业务 2.13 亿笔，金额 8.99 万亿元，同比分别下降 12.95% 和 13.07%。

随着社会经济的发展，网民数量和网络购物额也在逐步增加。中国互联网络信息中心发布的第 54 次《中国互联网络发展状况统计报告》显示，截至 2024 年 6 月，我国网民规模为 10.996 7 亿人，较 2023 年 12 月增长 742 万人，互联网普及率达 78.0%。

此外，随着用户数量增加，以及在线服务场景的日益丰富，电子商务市场也在快速成长。《2023 年度中国电子商务市场数据报告》显示，2023 年中国电子商务市场规模达 50.57 万亿元。国家统计局数据显示，2024 年上半年，我国实物商品网上零售额 5.96 万亿元，比上一年增长 8.8%，占社会消费品零售总额的比重为 25.3%。

良好的网络用户群体基础促进了电子商务的迅猛发展，同时也带动了信息、物流等相关产业的发展，第三方支付正是顺应这一发展趋势而产生的。

（四）技术背景

步入信息时代之后，随着银行卡等非现金支付工具的普及，电子支付体系逐渐代替纸币支付体系和票据支付体系，成为最主要的支付体系。电子支付不仅是传统交易过程中信息、资金的电子化，而且是以互联网为媒介的电子商务交易模式。

随着信息技术水平的不断提高,电子交易和支付认证变得越来越便捷和安全,银行的系统不断升级换代,第三方支付体系也具备了较高的稳定性。相关技术和设备的不断完善,促进了第三方支付的产生与发展,并逐渐形成了较稳定的在线、移动、线上与线下结合的综合支付模式。业务承载终端与第三方支付平台相互促进、共同发展,为第三方支付的发展和创新奠定了良好的技术基础。

二、第三方支付的特点和分类

(一)第三方支付的特点

第三方支付具有以下特点:

1.支付中介

第三方支付通过提供一系列应用接口程序,将多个银行的支付功能进行整合,使得电子商务业务中的买卖双方不需要在不同的银行开设不同账户,从而降低了买卖双方的交易成本,使得电子商务业务更加便捷,同时也帮助银行节省了网关开发的相关费用,为银行带来了潜在利润。

2.技术中介

与传统的 SSL 协议(安全套接层协议)、SET 协议(安全电子交易协议)等支付协议相比,第三方支付的技术中介更为简单。目前应用较为广泛的 SSL 协议需要验证商家身份,而 SET 协议是基于信用卡支付系统发展较成熟的技术。这两种安全协议的程序复杂,速度较慢,并且实现成本较高。相比之下,第三方支付能帮助买卖双方进行交涉,使得在线交易变得更加简单。

3.信用保证

第三方支付平台依附于大型门户网站,并且其合作银行都具有较高的可信度,因此第三方支付能较好地解决在线交易中的信用问题,进而促进电子商务的进一步发展。

4.个性化服务

第三方支付能根据服务对象的商业模式等特征，为其提供个性化的支付结算服务，满足不同企业的需要。

（二）第三方支付的分类

1.按支付功能分类

按照支付功能的不同，可以将第三方支付分成两类：一类是传统的仅有支付功能的第三方支付，比如银联电子支付、NPS（Network Payment System）网上支付等；另一类第三方支付除具有支付功能外，还具有电子钱包、电子现金存取、消费账单管理等功能，比如支付宝。

2.按独立程度分类

按照第三方支付系统的独立程度，可以将第三方支付分成两类：一类是独立第三方支付，这种第三方支付不直接参与产品或服务的交易，仅作为第三方对交易过程进行监管，维护买卖双方的利益，如银联电子支付：另一类是非独立性的第三方支付，这种第三方支付依托电子商务平台，只是作为一种附属品存在于其门户网站下，如阿里巴巴旗下的支付宝，以及腾讯旗下的财付通等。

3.按支付模式分类

按照支付模式的不同，可以将第三方支付分成两类：一类是平台账户类型的第三方支付，另一类是支付网关类型的第三方支付。平台账户类型的第三方支付平台又可以按照是否对支付账号进行监管分为两类：监管型账户支付类型第三方支付和非监管型账户支付类型第三方支付，二者的主要区别在于第三方支付平台是否暂时保存货款，充当信用中介。支付网关类型的第三方支付是一种简单的支付通道。这种类型的第三方支付与银行等金融机构进行密切的合作，仅充当买卖双方的第三方银行支付网关，买家通过第三方把货款付给卖家。

三、第三方支付的发展现状

（一）国内发展现状

1.市场规模持续扩大

（1）交易规模

近年来，国内的第三方支付行业展现出了强劲的发展势头，市场规模持续扩大。智研咨询的统计数据显示，2023 年我国第三方支付市场的整体交易额达到 400.4 万亿元人民币，这一数字不仅彰显了行业的繁荣景象，也反映了数字经济在中国经济中的地位越来越重要。具体来看，第三方移动支付市场交易额占据了绝大部分，达到了 354.2 万亿元，而第三方互联网支付交易额则为 29.8 万亿元。这反映了移动支付在人们的日常生活和企业的交易活动中的普及程度越来越高，也体现出互联网支付在电商、金融等领域的重要作用。

随着数字经济的深入发展和消费者支付习惯的不断变化，第三方支付市场的交易规模有望继续扩大。中研普华产业研究院发布的报告显示，预计到 2028 年，中国第三方支付市场的交易额将达到 644 万亿元。这一预测不仅体现了第三方支付行业发展的巨大潜力，也为投资者和从业者提供了宝贵的参考信息。

（2）用户基础

在用户基础方面，支付宝和微信支付凭借其庞大的用户群体和完善的支付生态体系，成为中国第三方支付行业的两大巨头。这两个第三方支付平台不仅在国内市场占据了绝对的优势地位，还积极拓展海外市场，提升国际影响力。除了支付宝和微信支付，其他第三方支付平台也并未放弃竞争，它们通过技术创新、服务升级和差异化竞争策略，积极寻求突破，拓展发展空间。

这些第三方支付平台在特定领域或细分市场中展现出强大的竞争力和创新能力，为中国第三方支付行业的多元化发展注入了新的活力。

2.技术创新与场景拓展

（1）技术创新

近年来，中国第三方支付行业在技术创新方面取得了显著进展，区块链、人工智能等新兴技术的应用深刻改变了第三方支付行业的面貌。新兴技术的应用不仅提高了支付的便捷性和安全性，还推动了支付方式的创新和支付效率的提升。具体表现在以下几个方面：

第一，生物识别技术。人脸识别支付、指纹识别支付等生物识别技术在第三方支付行业得到广泛应用。这些技术通过高度准确的身份验证方式，确保支付的安全性，同时提升了用户体验。用户只需要通过简单的生物特征识别即可完成支付，无须携带现金或银行卡，极大地方便了消费者的支付操作。

第二，大数据分析技术。第三方支付平台利用大数据分析技术，对用户的支付行为、消费习惯等进行深入挖掘和分析，从而为用户提供更加个性化的支付服务。同时，大数据分析技术还有助于第三方支付平台识别潜在的风险，提高支付系统的安全性和稳定性。

第三，区块链技术。区块链技术凭借去中心化、不可篡改等特点，在第三方支付领域展现出巨大的应用潜力。通过区块链技术，第三方支付平台可以实现更加透明、高效的资金流转和结算，降低交易成本，提高支付效率。

（2）场景拓展

第三方支付已经渗透到人们日常生活的方方面面，从线上购物、线下消费到公共交通、生活缴费，人们在生活中的各个领域都可以体验到第三方支付的便利性。同时，第三方支付平台还积极与金融、零售、交通、医疗等多个领域进行跨界融合，为用户提供更加全面和便捷的支付服务。具体表现在以下几个方面：

第一，线上购物。第三方支付已经成为线上购物的主要支付方式之一。用户可以通过第三方支付平台轻松完成商品购买、货款支付和退款等操作，享受便捷的购物体验。

第二，线下消费。除线上购物外，第三方支付还被广泛应用于线下消费场景。用户可以通过二维码支付的方式，在餐饮、娱乐、零售等各个消费场景中完成支付操作。这些支付方式不仅提高了支付效率，还减少了现金交易带来的不便和风险。

第三，公共交通。在公共交通领域，第三方支付平台与各地区的公交、地铁等公共交通运营商合作，推出移动支付乘车服务。用户只需要通过手机支付应用即可完成乘车费用的支付，无须携带零钱或公交卡。

第四，生活缴费。第三方支付平台还积极拓展其在生活缴费领域的应用。用户可以通过第三方支付平台缴纳水费、电费、燃气费等生活费用，享受便捷的缴费服务。同时，第三方支付平台还与政府部门合作，推动智慧城市建设，提高城市管理和服务水平。

3.跨境支付市场发展

（1）市场规模

跨境支付作为第三方支付的重要构成部分，其市场规模持续扩大。根据中商产业研究院的预测，2024 年中国跨境数字支付服务行业的市场交易额将达到 7.5 万亿元人民币。这一数字不仅体现了跨境支付行业的快速发展，也反映了中国企业在全球化进程中对于高效、便捷支付方式的迫切需求。

（2）发展动力

跨境支付市场的发展动力主要源于以下几个方面：

第一，跨境出口 B2C（Business to Consumer，企业对消费者）电商收款市场。这一市场近年来发展迅速，成为推动跨境支付市场规模扩大的重要力量。跨境电商的快速发展带动了跨境支付需求的激增，为跨境支付行业提供了广阔的发展空间。

第二，跨境出口 B2B（Business to Business，企业对企业）贸易支付市场。随着经济全球化的深入发展和国际贸易规模的持续增长，跨境出口 B2B 贸易支付市场有望继续保持高速增长态势，推动跨境支付市场的发展。

第三，政策支持。中国政府出台了一系列政策，支持跨境支付市场的发展。例如，商务部等九部门联合发布的《关于拓展跨境电商出口推进海外仓建设的意见》，为跨境支付行业提供了良好的政策环境和发展机遇。这些政策不仅降低了跨境支付企业的运营成本和市场准入门槛，还推动了跨境支付行业的稳定发展。

4.监管政策不断完善

（1）政策环境

近年来，政府为规范和管理第三方支付行业，确保其健康、有序发展，出台了一系列重要政策。这些政策旨在构建更为完善的监管体系，提高行业的安全性和透明度。以下是一些关键的政策：

2023 年 12 月发布，自 2024 年 5 月 1 日起施行的《非银行支付机构监督管理条例》是针对第三方支付行业规范发展的重要法规。该条例对非银行支付机构的设立、变更与终止，支付业务规则，监督管理，法律责任等方面进行了明确规定，并指出中国人民银行依法对非银行支付机构实施监督管理。该条例旨在促进非银行支付机构回归支付本源业务，提高服务实体经济的水平，并防范潜在的行业风险。

除《非银行支付机构监督管理条例》外，政府还通过其他多项政策来加强对第三方支付行业的监管。例如，加强对支付机构合法合理利用用户信息进行监管，防止用户数据泄露或被滥用；对支付账户余额付款交易实施分类管理和限额要求，防范洗钱、欺诈等金融犯罪。

（2）合规经营

随着监管政策的不断收紧，第三方支付行业面临着更为严格的市场要求。支付机构需要加强风险管理，合规经营，以确保自身业务的合法性和稳健性。支付机构在合规经营方面需要关注的重点如下：

第一，严格遵守监管政策。支付机构应密切关注并严格遵守国家关于第三方支付行业的各项监管政策，确保自身业务符合政策要求。

第二，加强内部管理和风险控制。支付机构应建立健全内部管理机制，完善风险管理流程，确保支付业务的安全性和连续性。同时，支付机构还应加强对客户身份的识别和验证，防范非法交易和欺诈行为。

第三，保护用户权益。支付机构应充分尊重和保护用户的合法权益，按照公平、公正、透明的原则开展业务。在收到用户投诉时，支付机构应积极响应并妥善解决。

第四，促进技术创新和业务创新。在合规经营的基础上，支付机构还应积极探索新技术和新业务模式的开发与应用，提高支付效率和服务质量，满足用户多样化的支付需求。

（二）国外发展现状

1.全球市场规模

总体规模：根据国际相关机构的统计数据，2023 年全球跨境支付市场交易额达到了 190 万亿美元，显示出全球跨境支付市场的稳健增长。

地区分布：亚洲地区是全球跨境支付的重要市场之一，中国、日本、韩国等国家在跨境支付领域具有重要地位。北美地区跨境支付发展较快的国家以美国和加拿大为代表，其拥有成熟的金融市场和先进的支付技术。

2.技术应用与创新

区块链技术：区块链技术为跨境支付场景中常见的问题提供了新的解决方案，通过去中心化的方式降低交易成本，提高交易速度和透明度。

人工智能与大数据技术：人工智能和大数据技术在风险管理、反欺诈、客户服务方面的应用，为跨境支付提供了更高效、更安全的技术方案。

3.市场细分与数字支付平台

市场细分：随着市场需求的不断细化和多样化，跨境支付企业更加注重市场细分和定制化服务。针对不同行业、不同企业的需求，第三方支付平台应提供个性化的支付方案和服务模式。

数字支付平台：数字支付平台的崛起，简化了跨境支付的流程，提高了用户满意度。

4.合规要求与国际合作

合规要求：跨境支付涉及不同的国家和地区，支付机构及相关企业需要遵守相关要求。

国际合作：为了打击国际金融犯罪，各国间的支付监管合作日益紧密，这对跨境支付企业的合规运营提出了更高的要求。

综上所述，国内外第三方支付行业均呈现出市场规模持续扩大、技术创新不断发展、应用场景广泛、跨境支付规模持续扩大以及监管政策日趋完善等特点。同时，各国在技术应用、市场细分、合规要求等方面也存在一定的差异和特色。

四、第三方支付与其他支付方式的对比

（一）第三方支付与现金支付的对比

从支付便利性和环境适应性的角度来看，第三方支付更为便捷。第三方支付可以通过手机等终端设备快速完成，不受时间和地点的限制，且支持多种支付方式。然而，第三方支付既得益于科技的发展，又受限于一定的技术，在出现网络问题或设备故障时，第三方支付的效率会受到影响。而现金支付则不受网络问题或设备故障的影响，随时可用。

从隐私保护的角度来看，现金支付在隐私保护方面具有显著优势。使用现金支付时，不需要提供任何个人信息，支付过程更加隐蔽，不易被追踪和记录。相比之下，第三方支付平台需要用户提供个人信息以保证支付活动顺利进行，这增加了信息泄露的风险。随着社会的发展，人们越来越重视对个人信息和隐私的保护，这对第三方支付平台提出了更高的要求。

（二）第三方支付与传统网银支付的对比

随着国家相关监管政策的出台，以及第三方支付牌照（即支付业务许可证）的发放，第三方支付迎来了黄金发展时期。第三方支付不仅是在各种因素推动下产生的一种新兴的平台经济，同时也加快了电子商务的蓬勃发展。

相比于传统的网银支付，第三方支付在进入门槛、通用性等方面都具有相当大的优势。并且随着第三方支付牌照的发放，第三方支付行业的风险也在降低。此外，第三方支付从小额支付领域向大额支付领域的延伸，为用户和企业提供了更加便捷的支付服务。

第二节　第三方支付的模式

第三方支付深刻改变了人们支付结算的方式。此外，第三方支付在交易活动中扮演着银行卡的角色，成功促进了传统行业向电子商务领域的转型，同时促进了我国经济增长方式的转型。第三方支付对经济增长的作用得益于第三方支付模式的特点，在本节，笔者将详细论述第三方支付的机构模式和业务模式，以便人们加深对第三方支付的了解。

一、第三方支付机构模式

（一）金融机构独立运营模式

金融机构独立运营模式是由具有较大影响力的独立金融机构成立的第三方支付平台承担金融支付业务的模式，如银联支付等。在这种模式中，独立的金融机构通过发挥自身的资源优势，有能力将各个商业银行联合起来，在商户与用户之间建立交易通道。

（二）通信运营商独立运营模式

第三方支付的发展，尤其是移动支付的发展，以及传统通信业务的逐渐衰落，使得通信运营商纷纷将目光转向第三方支付行业。采用通信运营商独立运营模式的第三方支付企业包括中国移动通信集团有限公司成立的中移支付有限公司，中国电信集团有限公司成立的天翼电子商务有限公司，以及中国联合网络通信集团有限公司成立的联通支付有限公司等。

（三）通信运营商与金融机构合资运营模式

在第三方支付发展初期，在第三方支付行业的监管政策之下，通信运营商以及银联等金融机构通过发挥各自的优势，联合出资成立第三方支付企业并开展支付业务。

（四）第三方公司独立运营模式

在第三方公司独立运营模式中，第三方支付公司没有通信运营商以及金融机构背景，通过建立独立的支付平台，打通银行支付、商户应用、用户消费等各个环节。

二、第三方支付业务模式

根据中国人民银行发布的《非金融机构支付服务管理办法》，第三方支付业务主要有四种模式：预付卡支付，银行卡收单，网络支付，以及中国人民银行确定的其他支付服务。

预付卡是指以营利为目的发行的、在发行机构之外购买商品或服务的预付价值，包括采取磁条、芯片等技术以卡片、密码等形式发行的预付卡。礼品卡、福利卡、会员卡、公交卡等，均属于预付卡。

银行卡收单是指第三方支付机构通过销售点终端为银行卡特约商户代收货币资金的行为。持卡人在商户刷卡消费时，先由银行结算给第三方支付服务机构，最终支付给商户。

网络支付是指依托公共网络或专用网络在收付款人之间转移货币资金的行为。网络支付包括货币汇兑、互联网支付、移动电话支付、固定电话支付、数字电视支付等。目前，在第三方支付领域，应用最为广泛的是互联网支付和移动电话支付。

本书以经济管理与金融发展为主题，因此，本书主要针对网络支付中的互联网支付和移动电话支付这两种支付业务模式进行探讨。

（一）互联网支付模式

1.互联网支付模式的内涵

互联网支付也称在线支付，是指通过非移动的互联网终端进行资金的转移，利用银行所支持的某种数字金融工具，实现买卖双方的金融交换，进而开展在线货币支付、现金流转、资金清算以及查询统计等业务，为电子商务和其他服务提供金融支持。互联网支付模式不仅能帮助卖方快速获得销售款，缩短了其收款周期，而且也为买方提供了新的、更便捷的网络消费支付方式，不需要开设特定的银行账户便可以完成支付，使得在线购物更便捷，提高了用户体验质量。

目前，互联网支付模式是第三方支付企业使用最为广泛的支付模式。第三方支付企业通过打通与各个银行之间的网络结构，为个人和企业提供一个统一的支付平台。第三方支付平台在个人和企业之间构建了一个便捷的支付枢纽，双方可以直接利用这个平台进行资金流转。

2.互联网支付产业链

互联网支付产业链中的主要参与者包括：金融机构、网络服务提供商、支付业务提供商、商户和用户这五类，这些参与者围绕着电子商务平台和第三方支付平台形成一条互联网支付产业链。

金融机构在互联网支付产业链中扮演着最底层也是最为核心的角色。金融机构的主要工作包括：一是为整个互联网支付产业链提供稳定、安全的资金清算工作，二是为整个互联网支付产业链提供金融业务接口。此外，互联网支付在很大程度上减少了金融机构柜台服务的压力。

网络服务提供商在互联网支付产业链中扮演的角色为交易互动媒介，它们为互联网支付提供了可行的平台及通道。但是在整个互联网支付产业链中，网络服务提供商仅收取网络流量费用、平台使用费用等，而这部分价值相对较低，基本没有增值收入。

支付业务提供商将银行等金融机构提供的业务接口进行封装，为商户和用户提供了统一的支付平台。它们将整个互联网支付产业链中的资源进行有效整合，提高了支付效率，降低了产业链运行成本。支付业务提供商将金融机构、商户以及用户联系起来，因此，其处于互联网支付产业链的核心地位，这样的地位优势也为支付业务提供商带来了巨大的产业价值。

作为电子商务平台的使用者，商户的主要关注点在于如何提供优质、丰富的商品或服务，以及如何提供良好的互联网支付业务接口。支付功能的便捷与否会直接影响到用户使用电子商务平台的体验感，进而影响商户自身商品或服务的销售额、知名度以及在整个市场中的竞争地位。

用户分为个人用户和企业用户，这两类用户都是银行资金账户的实际拥有者，以及商户的商品或服务的最终购买者。用户的需求是互联网支付业务发展的根本动力，整个互联网支付产业链实际上是围绕着用户运转和发展的。用户是互联网支付产业链真正的核心，了解用户的消费习惯和消费水平，重视用户需求，是互联网支付产业链发展过程中不可或缺的重要环节，并直接决定了互联网支付的发展程度。

（二）移动电话支付模式

1.移动电话支付模式的内涵

移动电话支付是指用户通过手机等智能移动终端，以及 SMS、WAP、USSD、蓝牙、NFC 等技术，对其消费、购买的商品或服务进行支付的一种支付模式。

SMS 技术即提供短信服务的技术，运用这种技术，移动电话之间可以互相收发短信。WAP 技术即无线应用协议，是一种向移动终端提供互联网内容和先进增值服务的全球统一的开放式协议标准，这种标准使用户可以借助手机等移动设备获取互联网上的信息。USSD 技术即非结构化补充数据业务，用户可以通过手机短信发送一个服务请求至 USSD 服务器，进而获得所需的服务，如天气预报。

2.移动电话支付模式的分类

目前，移动电话支付模式主要包括远程支付和近场支付两种形式。

（1）远程支付

远程支付是指用户通过手机等移动智能终端，运用短信、语音等方式发送支付指令而完成支付的方式。

（2）近场支付

近场支付也称现场支付，是指消费者在购买商品或服务时，即时通过手机等移动通信终端向商家进行支付的方式。近场支付的流程在消费现场进行，主要方式是通过 RFID、蓝牙等通道，实现与自动售货机、POS 机等终端设备之间的本地通信。用户使用近场支付方式的时候，只需要把手机等移动通信终端放在 POS 机等终端设备上，通过射频感应即可完成支付。

近年来兴起的二维码支付是一种典型的近场支付方式，它是在账户体系基础上发展起来的无线支付方式。商家将账号、商品价格等交易信息汇编成一个二维码，用户通过手机等移动通信终端扫描二维码，便可实现支付结算。

3.移动电话支付产业链

移动电话支付产业链的主要参与者包括：移动通信运营商、金融机构、移动支付服务提供商、终端设备提供商、合作商户、最终用户等。

目前，我国的移动通信运营商，如中国移动、中国联通等，提供了包括SMS、WAP 等在内的多种通信服务手段，并提供相应的安全服务。在移动电话支付产业链中，移动通信运营商的主要收益是通信网络服务费，以及用户使用移动支付业务而产生的 SMS、WAP 等费用。

金融机构帮助移动电话支付产业链建立起完整、灵活的安全体系，并拥有较完善的支付系统以及广泛的商户和用户资源。金融机构参与移动电话支付产业链，不仅可以增加用户黏性，提高用户的满意度和第三方支付使用频率，同时也会大大减轻金融机构柜台服务的压力，并为商户提供新的业务方式，这有助于金融机构与商户建立良好的合作关系。

移动支付服务提供商提供了第三方移动支付平台，整合了通信运营商和金融机构的第三方相关业务，是通信运营商和金融机构之间的纽带，并具有资源整合优势。在移动电话支付产业链中，移动支付服务提供商的主要利润来源是向商户收取的平台服务费用等。

终端设备提供商可以为移动通信运营商以及用户提供更为安全、智能的通信终端设备，从而满足移动电话支付产业链发展过程中对业务承载设备的需求。

合作商户不再局限于传统卖场与终端网点的经营模式，移动电话支付模式消除了经营边界，使合作商户可以随时随地开展有针对性的销售活动。与此同时，合作商户通过利用移动电话支付产业链中的资源，可以最大限度地提高自身的业务能力、销售业绩以及市场竞争力。

与互联网支付产业链中的用户类似，移动电话支付产业链中的最终用户也可以分为个人用户和企业用户两类。他们在整个产业链中购买相关产品或服务，为合作商户提供主要的利润来源，同时，他们也是移动电话支付模式发展创新的根本动力。

第三节　第三方支付风险分析
与风险防范

一、第三方支付的风险分析

近年来，随着互联网技术的发展和创新，网络交易逐渐凭借方便与快捷的优势受到人们的欢迎。但相较于传统交易，网络交易的双方存在时空的差异，线上的虚拟交互环境也会使交易双方存在天然的戒备心理。基于网络交易的风险管控与安全保证的需要，第三方支付出现，架起了买卖双方之间的安全桥梁。根据第三方支付的定义可以得出，第三方支付本身就是一种对互联网金融时代网络交易信用风险进行控制的方式。作为对建立在虚拟网络上的交易的风险控制，第三方支付自身更应做到严格合理，才能得到广大用户的认可。

（一）第三方支付平台与其他主体间的问题

在分析第三方支付平台与其他主体间的问题时，首先应了解第三方支付的业务流程涉及的几个相关主体。

第三方支付平台在网络交易中充当信用中介，保证消费者与商家之间物品与资金交易的安全。下面，笔者以目前中国最大的互联网第三方支付平台支付宝的业务流程为例，说明第三方支付的参与主体之间的关系，以及可能存在的风险。

支付宝的出现保证了在商品或服务由商家送出但还未被消费者获得的时间段内，资金由支付宝管控。消费者首先需要将资金划拨至支付宝的支付平台账户，支付宝给予商家"资金已到账"的信号，然后商家将商品或服务交给消费者，消费者收到商品或服务后给予支付宝反馈，对应资金再由支付宝划拨入商家的账户。这就算完成了一次安全的网络交易，也保障了各方的权益。在这个过程中，支付宝直接与消费者、商家接触，同时，这个过程也涉及银行等金融机构。所以，在整个第三方支付过程中，共有四个参与主体，分别是第三方支付平台、消费者、商家以及银行。

1.第三方支付平台与消费者之间的问题

第三方支付平台在培养消费者信任度方面的关键在于建立全面的资金安全保障机制。在消费者准备进行交易前后，第三方支付平台的风控系统会进行严密的监控，以保证支付过程的安全以及用户的资金安全。比如，当消费者遇到钓鱼网站（指利用技术手段，在消费者准备付款时替换掉真实付款页面，以达成非法占有资金的目的的网站，或者仿冒真实网站的网络地址与页面内容，骗取消费者资金的网站）时，第三方支付平台有责任在交易监控中识别出风险，并且拒绝交易。

第三方支付的业务流程也存在风险。第三方支付平台一方面应尽量满足消费者在支付速度上的需求，另一方面又需要通过复杂的流程以确定操作者就是交易账号对应的消费者本人，防止其他人盗取账号中的资金。在消费者对第三方支付安全性的信心越来越足的今天，众多第三方支付平台都在用简便的支付流程、较快的支付速度打动消费者。但方便的操作很容易带来业务流程上的风险。因此，第三方支付平台应在快捷方便与支付安全之间寻求一个平衡点，在确认操作人身份的前提下提高支付效率。

2.第三方支付平台与商家之间的问题

第三方支付的本质是为了在网络交易中，在商家与消费者之间建立起信任的桥梁，充当信用中介。对于第三方支付平台来说，商家也是第三方支付的用户。在网络交易中，如何在保证消费者的资产安全的同时，又满足商家的基本权益，第三方支付平台需要从中选取一个平衡点。

下面，笔者通过对比两家第三方支付平台——中国的支付宝与美国的PayPal 在网络交易方面的不同流程，分析第三方支付平台和商家之间可能存在的问题。

PayPal 允许用户使用电子邮件作为身份标识，进行资金转移，方便用户在电子商务网站上进行交易。在购物流程上，PayPal 要求消费者直接将资金转账到商家的 Paypal 账户，而商家在收到汇款后的一周内发货。PayPal 的职责是监管双方之间的交易，为双方提供交易的信用担保。

在购物流程上，使用支付宝进行交易的商家需要先发送货物，经过一定的时间延迟，在消费者确认收到货物后，商家才可以收到所售商品的货款。这样虽然规避了消费者的风险，但对于商家而言，若遇上交易量扩大或经营成本提高等特殊情况，商家就会面临资金流动性不足的风险，从而影响接下来的经营。

相比支付宝，使用 PayPal 进行交易的商家可以在收到货款后立即变现，虽说大范围的快速变现也有可能造成 PayPal 账户的冻结，影响商家信誉，但会降低商家可能面临的资金流动性风险。

3.第三方支付平台与银行之间的问题

在第三方支付流程中，资金的流通依然要依靠银行，所以第三方支付平台与银行之间资金往来的对账和风险处理的交流显得尤为重要。目前，银行与第三方支付平台采取多种措施，以减少双方资金纠纷发生的可能性；在纠纷发生后，双方各自保留的交易凭证也保证了纠纷的顺利解决。从第三方支付平台的角度来看，即便某笔交易订单由于银行方出错导致资金到账延迟或失败，一旦第三方支付平台向用户通知交易成功，该支付平台就有责任保障用户的权益。所以第三方支付平台应保存好相关的交易凭证，以便后期与银行进行对接，降低自身交易风险。

（二）第三方支付平台自身面对的风险

1.技术风险

中国人民银行在下发的《非金融机构支付服务管理办法》中明确指出，

申请人申请支付业务许可证，需要向所在地中国人民银行分支机构提交技术安全检测认证证明。这体现出中国人民银行对第三方支付平台系统安全的高标准和高要求。

在第三方支付平台自身面临的风险中，有一部分风险是应用系统设计层次的风险，从计算机系统到网络系统，任何一个小漏洞都有可能造成第三方支付平台或者使用第三方支付的消费者的巨大损失。另外，第三方支付平台有义务与责任保护消费者的信息，任何因系统的漏洞导致的信息泄露都会给消费者带来不便。因此，保障第三方支付系统的安全运行，是第三方支付风险防范环节的重要内容之一。

2.沉淀资金风险

广义的沉淀资金是指放置在社会上，未被聚集起来加以利用的闲散资金。由于第三方支付业务的特性，第三方支付平台可以吸储并形成大量沉淀资金。第三方支付平台的沉淀资金主要包括两部分：一是交易过程中的在途资金，二是用户为方便而暂存在第三方支付账户内的资金。在途资金是指在交易过程中从消费者付款到商家收款这段时间内，在第三方支付平台暂留的商品资金。在途资金加上用户暂存在第三方支付账户内的资金，会在第三方支付平台积累大量的沉淀资金。从第三方支付平台的角度来说，数额巨大的沉淀资金一方面可为其带来可观的利息收入，但后续对利息的分配可能引起支付风险与道德风险；另一方面，沉淀资金也可部分用于风险投资等，然而一旦投资失败，将会给第三方支付的用户带来难以估计的损失。

3.套现风险

套现，一般是指用违法或虚假的手段交换取得现金利益，表现形式包括信用卡套现、公积金套现、证券套现等。与第三方支付有关的套现风险通常发生在 C2C（Customer to Customer，消费者对消费者）的交易中。由于网络交易存在监管漏洞，常常会有不法分子利用电子商务平台进行"自买自卖"的交易，用信用卡进行支付，将卖家的收益提现，却不用支付信用卡提现费用。第三方支付平台因其业务流程具有特殊性，只能尽力保证网络交易的安全，而忽略了网络交易的真实性，很可能成为不法分子制造虚假交易、完成零成本非法转移、套取现金的工具。

4.洗钱风险

洗钱是指将犯罪所得或通过其他非法行为所获得的违法收入，通过各种手段掩饰、隐瞒、转化，使其在形式上合法化的行为。第三方支付是为方便与保障网络交易而产生的，为广大用户提供了快捷的支付平台。然而，如果第三方支付平台的监管力度不够，就可能成为不法分子洗钱的工具。一些不法分子利用虚拟交易，将非法获得的资金洗白为出售物品所获得的合法资金，从而达到资金转移的目的。也有不法分子利用监管漏洞，通过网络交易售卖违禁物品等。

二、第三方支付的风险防范

（一）外部监管

为促使第三方支付更好地保障网络交易的安全与高效，加强对利用第三方支付进行不法活动的行为的监管，政府应发挥好监管者的作用，出台相关文件，采取相关措施，推动行业的良性发展。

2010年6月，中国人民银行发布了《非金融机构支付服务管理办法》，指出：支付机构应当遵循安全、效率、诚信和公平竞争的原则，不得损害国家利益、社会公共利益和客户合法权益。

2015年7月，中国人民银行等十部委联合印发《关于促进互联网金融健康发展的指导意见》，提出：互联网支付应始终坚持服务电子商务发展和为社会提供小额、快捷、便民小微支付服务的宗旨。

2015年12月，为规范非银行支付机构网络支付业务，防范支付风险，保护当事人的合法权益，中国人民银行发布《非银行支付机构网络支付业务管理办法》，对客户管理、业务管理、风险管理与客户权益保护、监督管理、法律责任等都作出了严格的规定。

各种规定的相继出台，也引发了人们对第三方支付行业未来发展潜力的讨论。有学者认为，各种监管政策的出台会打击第三方支付行业乃至互联网金融行业的创新动力；也有学者认为，从长远角度看，各种监管政策的实施有利于第三方支付行业和互联网金融行业朝着规范和健康的方向发展。

目前，政府对第三方支付进行风险防范的措施主要有以下几个：

1.定义监管范围

如果缺乏监管，第三方支付平台为吸引用户，提高影响力，会积极拓展各类金融业务范围，但无序的创新和盲目的发展带来的是业务的杂乱无章，以及对风险控制的忽视，从而导致潜在的风险积聚。政府对第三方支付平台实施积极的外部控制，应首先明确第三方支付行业涉及的业务范围，引导各平台在业务领域内深入发展，完善业务流程，加强安全保障。

2.监督备付金的设立与使用

支付机构客户备付金，简称备付金，是指第三方支付机构在接收用户支付款项后，需要在一定时间内将这些款项存入银行的专用账户，这个专用账户就被称为备付金账户。

为保证第三方支付机构的资金流动性与用户的财产安全，《非金融机构支付服务管理办法》规定，支付机构接受的客户备付金不属于支付机构的自有财产。支付机构接受客户备付金的，应当在商业银行开立备付金专用存款账户存放备付金。备付金存管银行应当对存放在本机构的客户备付金的使用情况进行监督，并按规定向备付金存管银行所在地中国人民银行分支机构及备付金存管银行的法人机构报送客户备付金的存管或使用情况等信息资料。该规定虽然提高了用户资金的安全，但仍未明确对于在网络交易中因交付延迟而造成的在途资金的管理方法，因此，用户的财产安全依然存在着一定的隐患。

2017 年 1 月，中国人民银行发布《中国人民银行办公厅关于实施支付机构客户备付金集中存管有关事项的通知》，指出，自2017年4月17日起，支付机构应将客户备付金按照一定比例交存至指定机构专用存款账户，该账户资金暂不计付利息。人民银行根据支付机构的业务类型和最近一次分类评级结果确定支付机构交存客户备付金的比例，并根据管理需要进行调整。2018年初，中国人民银行将备付金集中交存比例提高至 50%。随后，中国人民银行再次发文，按月逐步提高备付金集中交存比例，要求到 2019 年 1 月 14 日实现 100%集中交存。备付金集中在中国人民银行存管，一方面可以优化支付市场资源配置、提高清算效率、降低支付成本，另一方面有利于及时监测并处置各种风险，维护金融安全。

3.打击套现、洗钱等不法行为

2012 年 3 月 5 日起施行的《支付机构反洗钱和反恐怖融资管理办法》，对客户身份识别、客户身份资料和交易记录保存、可疑交易报告、反洗钱和反恐怖融资调查、监督管理、法律责任等作出了详细规定。

2013 年 3 月，中国支付清算协会印发《支付机构互联网支付业务风险防范指引》，明确提出了互联网支付机构整体风险管理体系的基本要求，涵盖了支付机构风险管理体系、用户风险及防范、商户风险及防范、资金安全管理、系统信息安全管理、支付机构反洗钱和反恐怖融资管理要求、风险信息共享和风险事件处理等内容。《支付机构互联网支付业务风险防范指引》总结了建立互联网支付风险防范的行业规则，并支持支付机构个性化需要，建立与本机构支付业务规模、模式相适应的风险管理体系，同时主要关注了互联网支付的核心环节，明确提出风险防范的具体要求和操作规范，通过有效识别、评估、监测、控制和处置具体的业务风险，保障互联网支付安全。

虽然上述文件规定了第三方支付机构在风险管控方面的相关义务与责任，但实际措施仍然有待进一步细化。对于套现、洗钱等不法行为的防范，需要政府、金融机构、第三方支付机构、人民群众等各方力量联动，共同打击犯罪。

4.把握监控力度

政府的外部监管有利于保证金融市场的平稳运行和第三方支付行业的健康发展，但政府在加大监管力度的同时应注意，目前，我国的第三方支付正处于快速发展阶段，政府对第三方支付风险进行的监管应科学、谨慎，避免因过度干预而束缚行业的发展。政府应把握好监控力度，推动第三方支付行业和互联网金融产业向着健康、有序的方向发展。

（二）内部把控

除了接受政府的政策监管，第三方支付机构内部也有一些应对风险的把控措施。第三方支付机构内部把控主要包括事前控制和事后补救两个方面的内容。

1.事前控制

（1）加强安全技术控制

第三方支付机构要想在金融市场中开展支付业务，首先应保证资金的安全。由于支付业务的开展需要依赖电子设备与互联网，第三方支付需要有成熟的信息安全技术作为支撑。以支付宝为典型代表的第三方支付平台应继续提升自身的软硬件技术水平，持续研发更高层次的信息安全技术，形成合理的业务流程，确保用户信息的安全性与交易流程的稳定性，最大限度地避免信息技术问题带来的风险。

（2）建立信用体系与反欺诈机制

第三方支付机构在开展支付业务时生成了大量的用户个人信息以及交易信息。第三方支付机构可以充分利用这些信息数据，挖掘数据中的关系，建立用户的信用体系。合理的信用体系，不仅可以增强买卖双方的诚信意识，也可以提高双方的信任程度，还有利于提高第三方支付机构的信誉。同时，第三方支付机构可以针对用户不同的信用表现，给予适当奖励或惩罚，从而激励守信、惩罚失信，这有利于整个行业的健康发展。另外，第三方支付机构应构建内部反欺诈机制，对于信用水平不足的个体进行交易监控，防范欺诈行为的发生，做好风险防范与风险监测，在事故发生前进行合理控制。

　　2.事后补救

　　作为网络交易买卖双方之间的信用担保方，第三方支付机构应在交易纠纷或业务事故发生后及时启动风险处理流程。

　　在交易纠纷或业务事故发生后的第一时间，第三方支付机构应对风险发生情况进行调查，在交易纠纷中收集双方证据并调查双方责任，在业务事故中排查事故原因，明确事故影响范围。

　　确认纠纷或事故的原因后，第三方支付机构应迅速启动赔付或修复机制，承担相应的责任。第三方支付机构只有在风险发生后用完善的流程和成熟的机制应对风险，才能够最快控制风险，最大化地减少损失，从而不断提高其信誉度。

第四节　经济管理对第三方支付的作用

　　在现代化经济体系中，第三方支付作为一种新兴的金融服务模式，不仅深刻改变了人们的支付习惯，还对整个经济体系产生了深远的影响。经济管理作为调节和引导经济活动的关键手段，对第三方支付的发展起到了至关重要的作用。经济管理对第三方支付的作用主要有以下几个：

一、推动制度构建与法规监管

　　在第三方支付行业迅速发展的过程中，经济管理发挥的作用尤为关键，特别是在推动制度构建与法规监管方面。经济管理推动制度构建与法规监管，不仅为第三方支付行业提供了明确的法律指引，还有利于确保市场的有序运行，有效保护消费者的合法权益。

（一）制度框架的建立

制度框架的建立是经济管理对第三方支付行业的首要贡献。通过立法手段，国家为第三方支付行业的发展制定了详尽的法律规范，明确了第三方支付机构的法律地位、业务范围以及运营规范。这些法律规范不仅规定了第三方支付机构在金融市场中的角色和职责，还规定了其与客户、银行、监管机构等各方之间的法律关系。具体而言，制度框架涵盖第三方支付机构的设立条件、业务许可、资金存管、交易信息处理、风险防控等多个方面，为第三方支付行业的健康发展奠定了坚实的基础。

（二）监管机制的完善

在制度框架的基础上，经济管理机构进一步完善监管机制，对第三方支付机构实施全面而细致的监管。经济管理机构对第三方支付机构的监管包括准入监管、运营监管和退出监管三个主要环节。

1.准入监管

通过设定严格的准入条件，经济管理机构对申请进入第三方支付市场的机构进行全面审查，确保其具备足够的资质、技术实力和管理能力。准入监管环节能够有效遏制低质量支付机构进入第三方支付市场，保证市场的整体质量。

2.运营监管

在第三方支付机构进入市场后，经济管理机构通过定期检查、风险评估、投诉处理等多种手段，对其运营情况进行持续监督。对第三方支付机构进行运营监管，旨在确保第三方支付机构合规运营，防范和化解金融风险。同时，对第三方支付机构进行公开透明的监管，有利于增强市场信心，保护消费者的权益。

3.退出监管

为了维护市场的稳定性，保障消费者的权益，经济管理机构规定了第三方支付机构退出市场的条件和程序，对退出流程进行监管。退出监管的内容包括第三方支付机构在退出市场前应履行的义务、客户资金的清算和转移安排以及后续的监督措施等。这些规定使得第三方支付机构能够有序退出市场，能在很大程度上避免市场混乱和消费者权益受损情况发生。

二、促进市场创新与竞争

在第三方支付行业蓬勃发展的过程中，经济管理通过一系列措施有效促进了市场的创新与竞争，为第三方支付行业的持续繁荣注入了强大动力。

（一）鼓励技术创新

技术创新是推动第三方支付行业发展的关键力量。经济管理机构深刻认识到这一点，因此通过政策引导和资金支持等多种方式，鼓励第三方支付机构进行技术创新。具体而言，经济管理机构可以设立专项创新基金，为第三方支付机构在支付技术、风险管理技术等方面的研发提供资金支持；同时，通过税收优惠、研发补贴等政策措施，降低第三方支付机构的创新成本，激发其创新积极性。这种激励机制不仅促进了第三方支付平台支付效率的提升，还满足了消费者日益多样化的支付需求，推动了第三方支付行业的整体进步。

（二）促进市场竞争

市场竞争是推动第三方支付行业发展的另一重要动力。经济管理机构通过放宽市场准入条件，使得更多第三方支付机构能够参与市场竞争。这种竞争机制不仅激发了第三方支付机构的创新活力，还促进了其服务质量的提升。为了在市场竞争中脱颖而出，第三方支付机构不得不加大研发投入，提升技术水平和服务质量；同时，第三方支付机构可以通过优化业务流程、降低运营成本等方式，提高市场竞争力。此外，经济管理机构还通过制定公平的市场竞争规则，维护市场秩序，防止垄断行为和不正当竞争行为的发生。这些措施为第三方支付机构提供了一个公平、透明、有序的竞争环境，促进了第三方支付行业的健康发展。

三、保障消费者权益与数据安全

在第三方支付行业日益繁荣的今天，保障消费者权益与数据安全成为经济管理不可或缺的重要职责。

（一）保障消费者权益

保障消费者权益是经济管理在第三方支付领域的重要任务之一。为了确保消费者在支付过程中的合法权益得到充分保障，经济管理机构采取了一系列措施。首先，建立健全的消费者权益保护机制是关键，这要求第三方支付机构必须建立有效的客户投诉处理机制，确保消费者的投诉能够得到及时、公正的处理。其次，加强客户备付金管理，确保消费者资金的安全性和流动性也是保障消费者权益的重要一环。最后，经济管理机构还通过加强对第三方支付机构的监督检查，及时发现并阻止侵害消费者权益的行为，为消费者提供一个安全、可靠的支付环境。

（二）保障数据安全与隐私

随着第三方支付行业的快速发展，数据安全和隐私保护问题日益成为公众关注的焦点。经济管理机构通过制定严格的数据安全标准和隐私保护政策，要求第三方支付机构加强数据安全管理，保障用户隐私。这些数据安全标准和隐私保护政策不仅涵盖了数据加密、访问控制、数据备份与恢复等内容，还强调了数据使用的合法性和透明度。第三方支付机构需要按照这些要求，建立完善的数据安全管理体系，防止数据泄露和滥用。同时，经济管理机构还要加强对第三方支付机构的数据进行监管，通过定期检查和评估，确保其符合相关法律法规的要求。这种全方位的监管机制，为消费者的个人信息安全提供了有力保障。

第七章　网络借贷与经济管理

第一节　网络借贷产生的背景与特点

一、网络借贷产生的背景

网络借贷的产生是一个复杂的、多维度的过程，涉及经济、社会、技术和政治等多个层面。

（一）经济层面

1.金融压抑与信贷约束

在许多国家和地区，特别是发展中国家，金融体系往往存在较为严重的压抑现象，即正规金融机构的服务范围有限，难以满足广大中小企业和个体工商户的融资需求。而中小企业和个体工商户往往因为缺乏抵押物、信用记录不完善、经营规模较小，难以从传统的金融机构获得贷款。

同时，随着经济的快速发展，社会对资金的需求不断增加，而传统金融体系的信贷约束限制了资金的有效配置。网络借贷作为一种新兴的借贷模式，能通过互联网平台满足借款人的借贷需求，有效缓解了金融压抑和信贷约束的问题。

2.投资渠道有限与收益率需求增加之间的矛盾

在传统的金融体系中，投资者的投资渠道相对有限，且部分投资产品的收益率较低。随着社会财富的增加和人们理财意识的增强，投资者对高收益、低风险的投资渠道的需求日益增加。网络借贷产品以其相对较高的收益率和较低的投资门槛吸引了大量投资者的关注。

（二）社会层面

1.社会信任体系的建立与完善

随着大数据、云计算等技术的不断发展，社会信任体系逐渐建立和完善。网络借贷平台通过利用这些技术，可以更好地评估借款人的信用状况，降低信贷风险。同时，政府也在推动全国统一的信用信息共享平台的建设，以促进金融机构之间的信息交流，提高金融服务的效率和安全性。

2.社会融资需求日益多样化

随着社会经济的发展和人们消费观念的转变，社会融资需求呈现出多样化的趋势。不同行业、不同规模的企业和个体工商户对融资的需求各不相同。网络借贷平台通过提供多样化的融资产品和金融服务，满足了不同群体的融资需求。

3.普惠金融的推动

普惠金融是指金融机构为所有社会阶层和群体提供全方位、便捷的金融服务。近年来，我国政府高度重视普惠金融的发展，鼓励金融机构创新产品和服务，以满足更广泛人群的金融需求。网络借贷作为普惠金融的一种重要形式，通过降低金融服务的门槛和成本，为更多人群提供了获得金融资源的途径。

（三）技术层面

1.大数据与云计算技术的应用

大数据和云计算技术的快速发展为网络借贷平台提供了强大的技术支持。网络借贷平台可以利用大数据技术构建用户画像、进行风险评估，提高交易效率。同时，云计算技术降低了网络借贷平台的运营成本和维护难度，使得平台能够专注于产品创新，提高服务质量和用户体验。

2.移动互联网的普及

移动互联网的普及使得网络借贷平台的服务更加便捷和高效。用户可以通过手机等移动设备随时随地访问平台、查看信息、进行交易等。这种便捷性提高了用户的活跃度，也促进了网络借贷行业的快速发展。

（四）政治层面

1.政策支持与监管引导

在一些国家和地区，政府为了促进互联网金融的发展和创新，对网络借贷等新型金融业态给予政策支持和鼓励。政府通过制定相关法律法规和监管政策，规范网络借贷平台的经营行为和行业的市场秩序，保障了投资者和借款人的合法权益。同时，监管政策的完善也促进了网络借贷行业的稳定、健康、可持续发展。

2.金融体制改革与创新

随着金融体制改革与创新的深入推进，传统金融体系的边界不断拓展。网络借贷作为互联网金融的一种重要形式，是金融体制改革和创新的重要成果之一。它打破了传统金融体系的束缚和限制，为金融市场的发展注入了新的活力。

二、网络借贷的特点

相比传统借贷，网络借贷具有以下特点：

（一）进入门槛低

网络借贷去中心化的交易结构，有利于解决用户数量限制的问题，减轻了融资金额、期限错配的压力，使得信用交易可以便捷进行。相比银行和专业的理财机构，网络借贷平台的客户主要是普通大众，所以每个人都能参与进来。

（二）融资成本低

网络借贷平台借助互联网模式，利用平台和其他社区网络，获取交易双方的相关信息，从而降低信息收集成本。同时，网络借贷平台与工商、税务和金融监管等机构的各种信息交流都通过互联网完成，有效提高了信息的传播速度，降低了信息传递成本。另外，网络借贷将间接融资转化为直接融资，省去了中间步骤，提高了资金利用率和融资效率，节约了交易成本。

（三）透明度高

在网络借贷过程中，借贷双方直接签署借贷合同，互相了解对方的身份信息和信用信息。借贷双方的信息基本对等，尤其是出借方能了解借款人的还款进度和资产变化情况等，这在一定程度上避免了信息不对称带来的风险。

（四）方便快捷

一方面，网络借贷平台不受时空限制，为增加用户数量、直接匹配用户需求奠定了基础；另一方面，网络借贷平台采用自动化的模型与算法，能够批量处理借款申请的审核与定价问题，提高了平台的运营效率，降低了平台的边际成本。

第二节　网络小额贷款的特点
与运营模式

目前，我国网络借贷的形式主要是网络小额贷款。网络小额贷款是指金融机构利用互联网技术，为低收入群体和小微企业提供的额度较低的网络信贷服务。这种服务的基本特点是放款额度较低、无担保、无抵押。网络小额贷款可由正规金融机构、专门的小额信贷机构或相关组织提供。

一、网络小额贷款的特点

网络小额贷款属于网络借贷，因此，其具有网络借贷的特点。此外，网络小额贷款还具有以下特点：

（一）额度较低

单笔网络小额贷款的额度通常在几千元到几十万元之间，能比较有效地满足普通大众的小额、偶发、高频贷款需求，将普惠金融落到实处。

（二）审核简单

相比审核流程长、提交材料多的银行贷款，网络小额贷款通常只需要提交身份信息和部分基础资料就能完成审核评估。

（三）放款较快

网络小额贷款在审核和审批通过后，一般可以实现当日放贷，能够快速满足客户需求。

（四）借款期限灵活

客户可以根据贷款金额合理、自由选择借款期限，随借随还，具有较强的灵活性。

（五）对抵押要求低

网络小额贷款一般不需要抵押物，主要以借款人的信用情况和还款能力为依据，对贷款申请进行审核。

（六）用途广泛

网络小额贷款对资金用途的限制较少，借款人只要能证明其具有还款能力，即可借到资金。

（七）数据庞大

互联网电商企业利用多年积累的客户数据，通过大数据技术对这些数据进行计算和分析，完善自身的业务流程。网络小额贷款建立在庞大的数据流量系统的基础之上，对申请金融服务的企业或个人情况十分熟悉，相当于拥有一个详尽的征信系统数据库，能够在很大程度上提高风险控制能力，也能够提高放贷的安全性，降低企业的坏账率。

需要特别注意的是，网络小额贷款由于门槛低、方便快捷，深受社会低收入群体的欢迎，这在一定程度上弥补了传统银行贷款的市场空白，但也容易诱导那些缺乏还款能力的人群进行贷款消费，从而导致过度超前消费，由此形成恶意借贷与攀比的不良风气。究其原因，一是这类群体没有树立正确的消费理念，为满足一时的虚荣心，盲目跟风消费；二是网络小额贷款公司或贷款平台为鼓励用户贷款、提升业绩，多采用分期还款的形式，激发用户超前消费的欲望；三是在互联网技术高速发展的背景下，网络小额贷款及第三方支付能够覆盖人们日常生活的多个领域，小额化、高频次的特点使用户逐渐产生依赖心理，即使没有必要，用户也可能下意识选择使用网络小额贷款来进行消费，在不自觉的情况下，其消费水平可能超过自身承受能力，最终可能出现无力偿还的情况。

二、网络小额贷款的运营模式

目前，网络小额贷款的运营模式主要有两种，即平台金融模式和供应链金融模式。平台金融模式是指企业基于互联网电子商务平台提供资金融通的金融服务。而供应链金融模式则是指供应链中的核心企业利用所处产业链上下游企业的优势，充分整合供应链资源和客户资源，为其他参与方提供融资渠道的金融模式。

（一）平台金融模式

采用平台金融模式的企业平台上聚集了大大小小众多商户，企业凭借平台多年的交易数据积累，利用互联网技术，借助平台向企业或个人提供快速、便捷的金融服务。

平台金融模式的特点为企业以交易数据为基础，对客户的资金状况进行分析，贷款客户多为个人，以及难以从银行得到贷款支持的小微企业，在平台金融模式下，借款方申请贷款无须抵押和担保，能够快速完成贷款审核，且多为短期贷款。同时，平台金融模式中的网络小额贷款公司必须在前期进行长时间交易数据的积累，在交易数据的积累过程中完善交易设备和电子设备。

（二）供应链金融模式

供应链金融模式是指以核心客户为依托，以真实交易背景为前提，运用自偿性融资的方式，通过应收账款质押登记、第三方监管等专业手段封闭资金流或控制物权，对供应链上下游企业提供的综合性金融产品和服务。供应链金融模式是一种独特的网络小额贷款模式，金融机构依托产业供应链上的核心企业对单个企业或上下游多个企业提供全面的金融服务，以促进供应链上的核心企业及上下游配套企业"产—供—销"链条的稳定和顺畅流转，降低整个供应链的运作成本，并通过金融资本与实体经济的协作，构建金融机构、企业和供应链互利共存、持续发展的产业生态。

第三节 网络小额贷款公司的发展

一、网络小额贷款公司存在的问题

（一）信用审批机制不成熟

目前，市场上存在管理水平低下的网络小额贷款公司为争夺客户，在客户征信信息尚不明确的情况下开通贷款服务的情况。一些发展较早的公司，通过与电商平台合作，能够了解客户的消费信用情况，同时设置信用分门槛。但是这些预防措施往往只是风险防控的一部分，如何追踪客户信用水平变化情况，如何应对客户的连续性借款，以及如何做好借款过程中的风险防控工作依然十分重要。网络小额贷款公司对于借款人后续的信用水平评估往往依据最初的评定，这就使得部分借款人在缺乏后续还款能力的情况下大量借款，导致信用违约风险增加。

（二）复合型人才缺乏

在互联网金融时代，数据是重要的生产要素，对用户数据进行分析和挖掘是网络小额贷款公司发展过程中十分重要的环节，也是提高风险防控能力的基本要求和提高用户体验的重要手段。网络小额贷款公司大多由传统小额贷款公司发展而来，且发展年限普遍较短。除部分高管团队外，大部分中层、基层工作人员缺乏在互联网、金融等领域的工作经验。究其原因，一是数据挖掘与分析需要精通计算机技术的人才，而网络小额贷款公司更倾向招聘销售技能人才，对计算机技术人才的重视程度普遍不高；二是网络小额贷款公司缺少对内部人员的计算机技术、数据分析技术等的专业培训；三是网络小额贷款公司大多不重视内部轮岗机制，后端的技术人员缺少到前端业务层面进行工作交流的机会，不利于员工知识体系的构建，也不利于员工自我价值的实现，最终导致网络小额贷款公司内部缺乏复合型人才。

（三）用户信息泄露问题严峻

网络小额贷款行业中，用户登记的个人信息被平台泄露外传、贷款记录被擅自收集并用于商业推销等问题屡见不鲜。在互联网金融时代，用户对个人信息的控制能力被削弱，且当个人权益被侵犯时，用户难以得到及时、有效的维权帮助。

（四）诱导用户超前消费

网络小额贷款公司常常利用大数据信息和精准跟踪技术，挖掘用户的"消费需求"，并通过多种手段诱导用户超前消费：

精准营销：这些公司会根据用户的消费习惯、收入水平等信息，进行精准推送，诱导用户申请贷款。

低门槛承诺：一些小额贷款公司承诺低门槛、无抵押、快速放款，降低了用户的贷款难度，从而更容易诱导其超前消费。

分期消费：与各种消费场景深度绑定，如购物、旅游、教育等，通过分期付款的方式减轻用户的还款压力，但实际上可能增加了用户的总体负债。

二、网络小额贷款公司存在问题的解决对策

（一）健全信用审批机制，构建数据共享平台

对用户数据的审慎评估是网络小额贷款公司审慎监管的第一关，因此，完善信用审批机制至关重要。具体对策如下：一是明确信用审批流程，分环节进行监管，重视对用户数据的评估与分析，构建完善的信用审批体系；二是加强行业自律组织的建设，借助互联网建立统一的数据登记平台，完善风险识别和防控机制，同时要有效避免不正当竞争；三是各网络小额贷款公司通力合作，构建共享信用数据库，开发符合行业特点的数据共享平台，提高信用评级建设水平，保证借款人信息真实可靠，同时严格把控贷款的申请和发放等各个环节，有效控制风险。

（二）加强复合型人才培养，提高从业人员综合素质

人才是第一资源，复合型人才是行业不断发展壮大的重要保障，网络小额贷款公司要重视复合型人才的选拔与培养。具体对策如下：一是提高复合型人才的薪酬待遇，并通过外部招聘的形式，不断吸引具有数据建模能力、分析能力的人才进入网络小额贷款行业；二是加强对现有从业人员的数据分析等相关能力的培养，例如，定期开展计算机技术、金融专业知识等的培训，讲解新知识、新技能，鼓励从业人员参加各类技能考试，并定期开展有奖性质的技能知识竞赛，鼓励员工自我提升；三是完善内部交流轮岗机制，定期

组织后端技术人员参与贷款审批与发放工作，使其了解内部业务流程，促进员工知识结构的优化。

（三）保护个人信息，建设全方位信息管理机制

在互联网金融时代，网络小额贷款行业中出现的用户信息泄露问题一直被诟病。做好用户信息保护工作，不但可以提升用户借款体验，同时也能提高整个网络小额贷款行业的形象。做好用户信息保护方面的工作，需要社会各界的共同努力。具体对策如下：一是立法机关要完善有关信息保护的法律法规体系，使网络小额贷款公司在开展用户信息保护工作时能够有法可依。二是监管部门要明确用户信息保护的相关规定，健全用户信息管理机制，加强对网络小额贷款公司用户信息使用情况的监管。如有必要，相关部门可以设置一套前置审核程序，由主管部门进行审批，审批通过的网络小额贷款公司才能在一定范围内合理使用个人信息。三是在行业治理、媒体监督等多个层面形成全方位的信息管理机制，辅以"律师介入＋媒体披露"的监督机制，通过深层次、宽领域的管理，确保个人信息安全。

（四）形成良好消费风气，倡导理性消费

当下，整治不良消费风气，倡导理性消费刻不容缓。具体对策如下：

一是相关部门通过社会舆论对公众进行宣传教育，引导公众树立正确的消费观，避免盲目跟风消费。

二是相关部门通过教育等方式，提升公众的信用意识，使公众了解失信的后果，让公众在借款的同时能够考虑自身还款能力，理性消费。

三是相关部门要规范网络小额贷款的使用渠道及使用方式，给予消费者理性思考的时间，降低其冲动消费的可能性。

第四节　网络小额贷款的风险分析、
管理与防范

一、网络小额贷款平台面临的风险

网络小额贷款平台面临诸多风险，这些风险根据影响因素可划分为以下几类：

（一）技术风险

网络小额贷款是通过线上审核与审批的方式完成贷款流程的，主要依靠线上平台与大数据技术，而线上平台面临着网络系统风险。如果网络小额贷款平台崩溃，或者出现系统故障、设备损坏等问题，会影响网络小额贷款流程的顺利进行，增加平台的运营风险。同时，网络小额贷款平台在日常运营过程中，也更多依赖互联网技术以及线上数据处理系统。如果该系统出现故障，就可能影响业务的正常处理，造成贷款审批难以及时完成或者对借款人的信用风险估算错误等问题，为以后的贷款回收留下隐患。以上这些问题使网络小额贷款平台面临较大风险，可能给平台造成不必要的损失。

（二）信用风险

网络小额贷款公司发放贷款通常依据的是平台数据库中所积累的客户信用信息以及交易行为等数据。网络小额贷款平台对贷款的审核、发放都是通过验证数据库的信息，并按标准化流程进行量化发放。传统的银行贷款通常从财务角度分析风险，掌握企业的各类财务报表数据，而网络小额贷款要想获取这些数据比较困难。缺少对这部分数据的分析，会使网络小额贷款的信用风险识别能力降低，增加网络小额贷款的信用风险。

（三）流动性风险

网络小额贷款公司的资金来源主要是原始股东的资本金、捐赠金，以及不超过两个金融机构的融资，且对融资总额有限制，一般不得超过资本净额的 50%。由于网络小额贷款公司只贷不存，可用于放贷的资金有限，其贷款业务规模和业务范围就会受到限制。因此，网络小额贷款公司无法有效发挥金融杠杆的作用，公司的资本金不足，资金周转能力下降，抗风险能力自然不强，流动性风险就会增加。

（四）操作风险

操作风险是指由于不完善的内部操作流程，以及人员问题、系统问题或外部事件导致的直接或间接损失的风险。在网络小额贷款中，借贷双方的资金需要通过平台进行操作，因此，平台需要处理贷款流程中大量的资金往来，如果没有能够保障资金安全的相应制度规范，网络小额贷款平台可能会出现系统漏洞，业务人员可能会出现操作失误等，存在较高的风险。

（五）政策风险

网络小额贷款的发展与金融领域相关政策法规有很大的关系，政策监管力度会影响到网络小额贷款平台的生存和发展。国家相关部门出台监管政策，加强对网络小额贷款平台放贷业务的监管，虽然有利于规范网络小额贷款的业务，但是可能会使网络小额贷款平台及贷款公司面临一些挑战，进而产生运作风险。

二、网络小额贷款的风险管理

网络小额贷款公司在办理贷款的过程中进行风险管理是十分重要的一个环节。网络小额贷款公司往往拥有大型电商平台的海量用户信用数据作为支撑，所以相比其他网络借贷形式而言具有更多的优势，在风险管理上也具有更多优势。

在网络小额贷款平台面临的风险中，信用风险是最主要的风险，因此，网络小额贷款公司必须对信用风险进行严格管理。一般而言，网络小额贷款的风险管理分为贷前审核管理和贷后管理。

下面笔者以某网络小额贷款平台为分析对象，对网络小额贷款风险管理步骤进行详细分解，全面解读网络小额贷款的风险管理流程。

（一）贷前审核管理

目前，该网络小额贷款平台在贷前需委托客户所在地的第三方机构进行现场资料收集及调查。受聘于第三方机构的外访人员的主要工作职责包括：按照初审人员的要求收集资料，包括身份证、征信查询授权书、营业执照、银行流水、缴税凭证、租赁合同、购销合同等，最重要的是现场了解借款主体的真实性、借款意愿的合理性以及经营是否正常。

外访人员将所有资料扫描上传到该网络小额贷款平台的管理系统，需要客户亲笔签名的申请表、征信查询授权书等则需要线下提交。根据客户配合程度的不同，外访流程一般为 3～15 天，平均时间为 7 天。初审人员在系统中接收到外访人员上传的资料后，填写调查表，必要时与客户进行电话核实，再将完备资料提交信贷审批人进行审批。审批人通过电话核实客户信息，并根据客户的基础资料、征信情况、信用评级等综合判断是否授信，以及确定可授信额度、贷款方式等，从初审到终审完成一般需要 2 个工作日。

（二）贷后管理

除上述贷前审核管理外，在贷后管理上，该网络小额贷款平台也采取了创新的管理方式。贷后管理的过程主要分为两部分，一是对还款的管理，二是对违约的惩罚。

1.还款管理

该网络小额贷款平台在开展业务时面临严重的供不应求的局面，因此，对于信用风险进行贷后管理，也有利于缓解其供求不对称产生的风险。而创新性的还款方式是对借款人便捷还款、避免因客观原因造成逾期还款的保障。

该网络小额贷款平台规定的还款方式有以下两种：

（1）自动还款与提前还款相结合

在该网络小额贷款平台上，客户对于还款有较大的自主权，可以采取自动还款与提前还款相结合的方式。客户可以在贷款到期之前自主操作提前还款，也可以在余额充足的情况下到期自动由该网络小额贷款平台扣除本息。

（2）随借随还和整借零还相结合

对于订单贷款，该网络小额贷款平台规定客户采用随借随还的还款方式，以提高贷款效率，促进资金流动。对于信用贷款这种相对大额、长期的贷款，该网络小额贷款平台则规定客户采用随借随还与整借零还相结合的还款方式。一旦确定了申请信用贷款的种类，该网络小额贷款平台会自动为客户指定还款计划，客户可以提前还款，也可以通过平台自动还款。

2.违约惩罚

因为依托某大型第三方支付平台，该网络小额贷款平台可以对贷款的资金动向进行便捷的监督。一旦出现违约事件，该网络小额贷款平台可以通过各种方式，对违约方实施强有力的惩罚措施。

在业务开展过程中，根据违约惩罚的现状，该网络小额贷款平台通过分析违约现象的特征，逐步完善自身的信用风险评估体系，使该体系真正成为风险识别的有力保障。

三、网络小额贷款的风险防范

由上文分析可知，网络小额贷款平台面临诸多风险，这不仅需要平台提升自身管理水平，加强风险管理，更要求相关管理部门做好风险防范工作，防患于未然，在完善体系建设、加强行业自律、落实监管政策、发展征信系统等方面采取措施，尽可能避免风险的发生。

（一）完善监管体系

在整个社会信用体系不健全的环境中，评估系统本身的数据有可能是虚假的，这种系统性风险难以避免。为了防范网络小额贷款可能出现的风险，首先应该从政策上对网络小额贷款的发展进行规范，加强相关法律法规建设，构建有利于网络小额贷款健康发展的法律体系。网络小额贷款在本质上属于民间借贷的范畴，但与传统金融机构贷款并不存在尖锐的对立矛盾。网络小额贷款和传统金融机构贷款都是一种媒介，可以满足借贷双方对于资金的需求，只是实现方式从低效率、高成本的传统借贷方式转变为高效率、低成本的互联网方式。因此，相关部门加强对网络小额贷款平台所依托的互联网技术进行监管也很有必要，将对互联网技术的监管纳入监管体系，有利于更加高效地防范网络小额贷款风险。

（二）加强行业自律

当前网络小额贷款行业处于发展初期，各个平台或公司的经营模式、数据指标、内部管控水平等差别很大，规范行业标准、加强行业自律成为风险防范过程的关键环节。为了加强行业自律，相关部门可以推动网络小额贷款行业内部成立行业自律组织。行业自律组织应在经营方式、经营范围、进入门槛等各个方面进行明确规范，有效降低整个行业的系统性风险。此外，行业自律组织还可以协调各个网络小额贷款平台的业务范围，避免不正当竞争行为的发生，并对从业人员进行资格评定，建立诚信档案，对网络小额贷款参与者进行不定期的投资者教育，通过业务交流促进行业发展。同时，行业内还应当建立统一的信用评级标准，防止同一借款人利用不同平台的不同评级标准进行投机套利活动。

（三）落实监管政策

在政策方面，相关部门应对网络小额贷款平台的监管范围和措施进行详细的规定，形成专业化、标准化的监管流程，使网络小额贷款平台运营的每一个环节都做到有法可循、有法可依。

网络小额贷款平台具有跨地区、较分散的特点，因此，要想确定其监管主体可能面临一定的困难。对此，中央与地方可以形成两级监管体系：中央监管部门制定网络小额贷款行业的相关法律法规；地方监管部门可以充分发挥其具体的监管职能，对辖区内的网络小额贷款平台进行规范检查和相应的风险防控。此外，也可以根据网络小额贷款平台所开展具体业务的性质来划分监管职责。

（四）建设征信系统

信用体系的健全和信用风险评估机制的建立，对于防范网络小额贷款风险，保障整个金融体系的稳定和安全具有重要意义。客户在办理网络小额贷款的过程中，个人信用信息的披露是至关重要的一环，也是监管部门重点关注的环节，同时又是网络小额贷款公司权衡风险和收益的重要依据。因此，相关部门需要建立完善的信息披露机制，促进信息透明化，最大限度地降低信息不对称的影响，建设并完善征信系统，使征信系统在一定程度上对个人和平台产生约束力，防止由于监管盲点的存在而造成的信用风险。

第五节　经济管理对网络
小额贷款的作用

一、加强规范与监管

（一）建立健全监管框架

经济管理在网络小额贷款行业的发展过程中发挥着至关重要的规范与监管作用。经济管理部门通过制定和实施一系列相关法律法规和监管政策，能够为网络小额贷款行业构建一个全面而细致的监管框架。这一框架不仅明确了网络小额贷款平台的业务范围，还详细规定了平台的运营规范，如资金存管、信息披露、风险控制等方面的具体要求。这些规定确保了网络小额贷款活动在法律框架内有序进行，为行业的健康发展提供了坚实的制度保障。

具体来看，经济管理在加强网络小额贷款监管方面的作用主要分为日常监督和现场检查。

1.日常监督

日常监督是经济管理部门对网络小额贷款平台和贷款公司实施持续、动态监管的重要环节。通过构建完善的监管信息系统和数据分析平台，经济管理部门能够实时监测网络小额贷款公司的业务运营情况，包括但不限于贷款发放、资金流向、利率水平等关键指标。这种日常监督有助于相关管理部门及时发现并纠正贷款公司可能存在的违规行为，如违规收费、非法集资等，从而确保贷款公司严格按照法律法规和监管要求开展业务。此外，日常监督还能促进网络小额贷款平台和贷款公司自我约束意识和合规经营意识的提高，为行业的健康发展奠定坚实基础。

2.现场检查

现场检查是经济管理部门对网络小额贷款平台进行深度监管和评估的重要手段。通过定期或不定期的现场检查，经济管理部门能够深入了解网络小额贷款平台的业务运营、风险管理、内部控制等实际情况，评估其合规性和稳健性。现场检查的内容通常包括询问管理人员、核实业务数据等多个方面，以确保检查结果的全面性和准确性。通过现场检查，经济管理部门能够及时发现网络小额贷款平台存在的问题和不足，并提出有针对性的整改意见，促进平台进一步完善内部管理和风险控制体系。

（二）降低市场风险

鉴于网络小额贷款业务涉及的资金规模庞大且参与主体众多，经济管理部门高度重视对网络小额贷款风险的防范工作。通过制定和实施风险防控政策，经济管理部门要求网络小额贷款平台建立健全风险管理体系，包括但不限于资金存管、信用评估、贷后管理、防范欺诈等关键环节。这些措施旨在提高网络小额贷款平台的风险识别和防范能力，降低不良贷款率，从而保障金融市场的整体安全。同时，经济管理部门还鼓励行业内的企业采用先进的科技手段，如大数据、人工智能等，进一步提高风险管理的精准度和效率。

1.强化资金存管

经济管理部门要求网络小额贷款平台必须选择符合条件的金融机构作为资金存管机构，实现客户资金与平台自有资金的有效隔离。这一措施能有效防止平台挪用客户资金情况的发生，保障用户的资金安全。

2.提升信用评估水平

经济管理推动网络小额贷款平台建立完善的借款人信用评估体系。网络小额贷款平台通过引入大数据、云计算等现代信息技术手段，提高信用评估的准确性和效率。建立信用评估体系，提高信用评估水平，有助于降低因借款人违约而引发的信用风险。

3.加强贷后管理

经济管理部门要求网络小额贷款平台加强贷后管理，对借款人的还款情况进行持续跟踪和监测。一旦发现异常情况，平台需要立即采取措施进行处理，防止风险进一步扩大。这种严格的贷后管理机制有助于降低平台的不良贷款率，提高平台运营的稳定性。

4.防范欺诈行为

经济管理部门通过加大监管力度，严厉打击网络小额贷款中的欺诈行为。对于涉嫌非法集资、诈骗等违法行为的平台、个人，相关部门将依法进行管理。防范欺诈行为，加强对欺诈行为的惩罚，有助于净化市场环境，促进网络小额贷款行业的健康发展。

二、促进市场健康发展

（一）引导行业创新

在推动网络小额贷款行业规范发展的基础上，经济管理发挥着重要的引导作用，其可以鼓励和支持行业内的创新活动。通过制定灵活的监管政策，经济管理部门为网络小额贷款平台创造了相对宽松的创新环境，使得平台能够在产品设计、服务模式和技术应用等多个方面进行大胆尝试和突破。这种创新不仅丰富了网络小额贷款市场的产品种类和服务模式，还满足了市场多元化、个性化的需求，增强了行业的竞争力和活力。

具体而言，经济管理鼓励网络小额贷款平台利用大数据、人工智能等先进技术对风险评估模型进行优化，提高信用评估的准确性和效率；支持平台开发更加便捷、高效的借贷流程，提升用户体验；同时，鼓励平台探索新的融资模式和渠道，为小微企业和个人提供更加多样化的融资选择。这些创新举措不仅有助于网络小额贷款平台自身的发展壮大，也推动了整个行业的健康和可持续发展。

总体来看，经济管理部门通过制定创新激励政策，如提供税收优惠、资金支持等，引导网络小额贷款公司加大研发投入和技术创新力度，推动新技术、新模式在行业内的应用。这些创新成果不仅有助于提升金融服务效率和质量，还能满足消费者日益多样化的金融需求，为金融行业注入新的活力。

（二）服务实体经济

网络小额贷款作为金融服务的一种重要形式，其健康发展对于支持实体经济发展具有重要意义。经济管理部门通过政策引导和市场监管等手段，促进网络小额贷款公司更好地服务小微企业、个体工商户等普惠金融重点服务对象。这些服务对象往往面临着融资难、融资贵等问题，而网络小额贷款以其灵活便捷的特点成为这些服务对象解决资金问题的重要途径之一。通过加强监管和引导，经济管理部门能够保障网络小额贷款公司合规经营、稳健发展，从而更好地服务实体经济的发展。

（三）优化资源配置

网络小额贷款作为金融市场的重要组成部分，受到经济管理部门的引导，能够更有效地配置金融资源。经济管理部门通过发挥宏观调控的作用，与市场机制相结合，引导资金流向实体经济部门，特别是小微企业和个人创业者等资金需求较为迫切的实体经济部门。这些实体经济部门由于规模较小、信用记录不完善等，往往难以从传统金融机构获得贷款支持。而网络小额贷款平台凭借灵活、便捷的融资方式，为这些实体经济部门提供了有力的金融支持，满足其资金需求。

通过网络小额贷款平台，小微企业和个人创业者可以更加便捷地获得所需资金，用于生产经营或消费支出等。这有助于实体经济缓解资金压力，提高经营效率和竞争力。同时，网络小额贷款平台通过市场化的运作方式，实现了资金的高效配置和利用，提高了金融资源的整体利用效率。

（四）规范市场准入与退出机制

1.市场准入审查制度

为了确保网络小额贷款市场的健康、有序发展，经济管理部门建立了严格的市场准入审查制度。这一制度要求所有申请设立网络小额贷款公司的主体必须满足一定的条件和资质要求，包括但不限于注册资本雄厚、管理能力和技术实力较强等。通过市场准入审查制度，经济管理部门能够筛选出具备合法合规经营能力和良好发展前景的企业进入市场，避免不合规企业进入市场，从而对市场造成不良影响。此外，经济管理部门还会根据市场情况和监管需要，不断调整和完善市场准入条件，以适应行业发展的实际需求。

2.市场退出机制

在推动网络小额贷款行业健康发展的过程中，完善的市场退出机制是维护市场秩序和保障消费者权益的重要手段之一。经济管理部门通过建立完善的退出机制，对经营不善、违法违规或无法满足监管要求的网络小额贷款公司进行依法依规处置。处置措施包括责令整改、罚款、取消业务资格、吊销营业执照等。通过采取这些措施，经济管理部门能够及时清理市场中的不良企业，避免违规行为，维护市场的公平竞争和消费者的合法权益。同时，市场退出机制还能够激励行业内的企业加强自我约束，提高合规经营意识，从而提高整个行业的合规经营水平和市场竞争力。

三、保护平台使用者的权益

（一）强化信息披露

信息披露是提高市场透明度和保护平台使用者权益的关键措施。经济管理部门在推动网络小额贷款健康发展的过程中强调信息披露的重要性，要求网络小额贷款平台全面、准确、及时地公开项目详情、风险评估及风险提示等关键信息。这一措施确保了平台使用者在充分知情的基础上作出科学决策，有效保护了平台使用者的知情权和选择权。通过信息披露制度，借款人能够更清晰地认识到网络小额贷款的风险与收益，从而作出更为理性的判断，降低风险。

此外，经济管理部门要求网络小额贷款公司定期披露财务报告、业务数据、风险状况等关键信息，以便投资者和监管部门全面了解公司的运营情况和风险水平。这些信息披露要求不仅有助于投资者作出明智的投资决策，还能促进网络小额贷款市场形成有效的管理机制，提高市场的整体效率。同时，强化信息披露还能增强网络小额贷款公司的社会责任感和公信力，为其长期发展奠定良好的社会基础。

（二）完善投诉与纠纷解决机制

经济管理部门致力于构建一个公正、高效的投诉与纠纷解决机制，为网络小额贷款平台使用者提供强有力的保障。当借款人或投资者与平台发生纠纷时，可以通过这一机制进行投诉和申诉，寻求公正裁决。这不仅有助于快速解决纠纷，维护平台使用者的合法权益，还有利于促进行业的规范化发展，增强平台使用者对网络小额贷款行业的信心。

四、推动普惠金融发展

（一）拓宽融资渠道

网络小额贷款作为互联网金融的一种创新模式，在经济管理部门的支持和引导下，为小微企业和个人创业者提供了更为便捷的融资渠道。这些群体在传统金融体系中往往难以获得贷款支持。而网络小额贷款平台通过线上审核、快速放款等方式，降低了融资门槛，拓宽了融资渠道，有效缓解了小微企业和个人创业者的融资难题。

（二）提升金融服务包容性

经济管理部门通过推动网络小额贷款的发展，进一步提升了金融服务的包容性。网络小额贷款打破了地域、时间等的限制，使得金融服务能够覆盖到更广泛的人群和地区。同时，网络小额贷款平台还通过技术创新和模式创新，降低了金融服务的成本和门槛，使得更多低收入群体也能够享受到便捷、高效的金融服务。这不仅提高了金融服务的普及率，扩大了普惠金融的覆盖面，还促进了社会经济的发展。

第八章　互联网金融门户与经济管理

第一节　互联网金融门户的
产生背景及特点

互联网金融门户是指利用互联网技术，专门为金融机构发布贷款、理财、保险等金融产品信息，进行金融产品销售，并为这些销售过程提供第三方服务的综合性平台。

一、互联网金融门户的产生背景

互联网金融门户的产生背景可以从多个维度进行阐述，主要包括市场层面、政策层面以及消费者行为层面等。

（一）市场层面

1.金融产品供给不足与融资渠道狭窄

在传统金融体系中，金融产品供给相对不足，尤其是针对小微企业和个人的金融服务较为有限。同时，金融市场的融资渠道狭窄，难以满足多元化的融资需求。这些传统金融体系存在的不足，为互联网金融门户提供了广阔的发展空间。

2.消费者金融认知水平的提升

随着金融市场的不断发展，消费者对金融市场的认知水平逐渐提升，对多元化、便捷化的金融服务需求日益增强。互联网金融门户以其去中心化、资金使用方和提供方直接对接、金融服务方便快捷等特点，满足了消费者的需求。

（二）政策层面

1.金融体制改革的推动

目前，我国金融体系总体稳健，重点领域金融风险正在有序化解，但传统金融机构的牌照垄断、利率市场化进程缓慢等问题依然存在。互联网金融作为金融体系的重要补充，在金融体制改革进程中得到了国家政策层面的鼓励和支持。

2.监管政策的完善

为了规范互联网金融行业的发展，国家出台了相关规章和监管政策，为互联网金融门户的合规经营提供了政策保障。

（三）消费者行为层面

1.线上消费习惯的养成

随着互联网技术的普及和电商平台的兴起，消费者越来越习惯在线上进行消费。互联网金融门户能够提供更加便捷、高效的金融服务，因此，消费者线上消费习惯的养成推动了互联网金融门户的快速发展。

2.信用体系的完善

随着信用体系的不断完善以及身份识别技术的提高，消费者的信用状况成为互联网金融交易中重要的评判指标。这为互联网金融门户评估消费者信用、降低违约风险提供了有力支持。

综上所述，互联网金融门户的产生是市场、政策和消费者行为等多个方面的因素共同作用的结果。这些因素相互交织、相互促进，共同推动了互联网金融门户的发展。

二、互联网金融门户的特点

从本质上来说，互联网金融门户属于互联网门户的范畴，所以互联网金融门户在具有互联网门户特点的同时，也具有其独特之处。

（一）"整合＋搜索＋对比"功能

互联网金融门户采用金融产品垂直搜索的方式。相对于传统搜索引擎的信息量大、查询不准确、深度不足等问题，垂直搜索是一种针对性更强、信息筛选更加准确的搜索服务模式。垂直搜索针对某一特定领域、某一特定人群或某一特定需求，提供有一定价值的信息和相关服务。它将不同金融机构的各个金融产品以及各类金融服务信息全部整合在同一网站中，使得用户仅在一个互联网金融门户网站上，就可以通过搜索来获得自己需要的所有信息。并且用户可以在互联网金融门户网站上对比各类金融产品的价格、收益以及特点等，以满足自己对金融信息的需求，为自己选择合适的金融产品提供较为权威的数据参考。

"整合＋搜索＋对比"功能是互联网金融门户最主要的核心竞争力，互联网金融门户的革新也主要集中于搜索层。互联网金融门户对海量的金融产品信息进行挖掘、甄别、加工和提炼，建立起相关的金融产品数据库，使用户在网站中可以对金融产品进行快速、精准的搜索和对比。

（二）用户导向

互联网金融门户除了具有"整合＋搜索＋对比"功能，还具有用户导向功能，这是其核心竞争力的体现。互联网金融门户通过细分市场来确定其目标用户群，并根据目标用户群的特定需求，为用户提供相应的服务。互联网金融门户用户导向的基本宗旨是提升用户在交易过程中的体验，并不断创新营销手段，以及提升搜索便捷度和精准度，从而动态地满足用户需求。

此外，坚持用户导向的互联网金融门户可以根据用户的行为以及反馈信息，及时了解用户的实时需求，为其提供差异化的金融服务，甚至可以协同金融机构为用户设计特定的金融产品，从而进一步扩大互联网金融门户的市场占有率，获取更多利润。

（三）渠道价值

从产业链的角度来看，互联网金融门户的上游为金融机构，即金融产品供应商，下游为用户，即金融产品和金融信息的需求者。而互联网金融门户则是这两类主体之间的中间桥梁，其最大的价值也在于渠道价值。

互联网金融门户网站承载着大量的信息流。互联网金融门户网站拥有大量的用户和浏览量之后，就会逐渐成为金融机构的主要销售渠道之一，从而实现其渠道价值。

（四）信息更新频繁、来源广泛

在以提供资讯信息为主要业务的互联网金融门户中，信息更新频繁的特点最为明显。互联网金融门户网站涵盖大量的实时信息，并且由于金融市场处于快速变化中，所以互联网金融门户网站的信息页需要不断更新，以便用户通过网站及时了解相关资讯。

与此同时，互联网金融门户中的信息具有多样性的特点，这些信息包含互联网金融甚至是整个金融行业的相关金融产品信息、新闻资讯以及其他相关信息等，这使得用户获得的金融资讯信息更加丰富、全面。

第二节　互联网金融门户的类别

一、根据金融产品销售产业链分类

从金融产品销售产业链入手，可以将互联网金融门户分为三类：第三方资讯平台类门户、垂直搜索平台类门户以及在线金融产品超市类门户。

在整个金融产品销售产业链中，第三方资讯平台类门户充当的是外围服务提供商的角色，垂直搜索平台类门户充当的是中间媒介的角色，这两类门户在产业链中所处的位置相同，前者提供行业的资讯信息和金融行业信息，而后者则提供相关的产品信息。在线金融产品超市类门户处于前两类门户的上游，充当代理商的角色。这三类门户都为产业链下游用户提供服务，而处于整个产业链上游的是金融机构。

（一）第三方资讯平台类门户

第三方资讯平台类门户是专门提供全方位、权威的行业数据以及行业资讯信息的互联网金融门户。这类互联网金融门户不直接把互联网金融产品放在平台上进行销售，而是以客观、中立、公开的态度，将相关的资讯信息进行整合和分类，为用户提供更全面、更专业的参考信息。

第三方资讯平台类门户为用户提供了海量权威的客观信息，它们将优质流量转换为经济价值，即利用大量信息资源来获得优质的浏览量。具体而言，第三方资讯平台类门户向用户提供金融产品的信息，并将用户的浏览量转化为对金融产品的购买力和消费力。

（二）垂直搜索平台类门户

垂直搜索平台类门户主要提供的是对金融产品进行垂直搜索的服务，以便用户在网站中快速搜索到金融产品的相关信息。垂直搜索平台类门户网站拥有特定领域丰富的金融产品资源信息，并利用搜索引擎将所有的产品信息进行关联，实现垂直搜索的功能。这类门户网站为用户提供范围较小并且十分具有针对性的互联网金融产品信息，以满足用户将各种金融产品进行对比的需求。

（三）在线金融产品超市类门户

在线金融产品超市类门户主要为用户提供在线导购服务，并且提供直接的购买通道。这类门户网站拥有大量的金融产品，就像一个在线的金融产品超市，利用互联网技术对金融机构的金融产品进行销售，并提供与之相关的第三方服务。此类互联网金融门户可以开展金融产品销售业务，是直接参与金融产品销售的服务平台。

二、根据金融产品种类分类

（一）信贷类门户

信贷类门户直接与银行等金融机构对接，本质上是金融机构的各类信贷产品的垂直搜索平台，除了信贷产品信息，信贷类门户还将金融机构传统的线下贷款申请及初审流程转移到网络上，将传统的信贷业务逐步网络化，扩大金融机构的信贷业务范围。

信贷类门户的核心定位是提供垂直搜索服务，所以这类门户网站并不参与借贷双方的交易，也不会开发自己的信贷产品。在信贷类门户网站中，用户可以搜索到不同金融机构的信贷产品并进行横向比较，挑选出符合其需求的信贷产品。

信贷类门户主要是通过数据采集技术以及合作的金融机构提供的信息来建立专门的数据库，汇聚和整合各类信贷产品信息，并对信贷产品信息进行实时更新，确保用户可以搜索到最新的、真实可靠的信贷产品信息。

信贷类门户网站大多会提供简明的信贷产品搜索栏，包括贷款类型、贷款金额、贷款期限等，以便更精准地对用户贷款需求进行定位，进而根据其贷款需求进行数据分析，并为不同的用户提供特定的个性化信贷产品，方便用户进行比价。

除此之外，部分信贷类门户网站会提供贷款申请的服务。当用户在信贷类门户网站完成贷款申请之后，门户网站可以通过信息反馈系统实现 O2O（Online To Offline，线上与线下相结合）金融模式的闭环，以保证整个环节的严密性和闭合性，从而最大限度地保证信贷流程的安全性。

目前我国信贷类门户的主要收入来源是互联网金融产品的推荐费用和销售中介的佣金，以及广告费、咨询费、培训费等。

（二）保险类门户

保险类门户是指以第三方服务平台的身份，根据用户需求为其提供详细的保险行业相关资讯信息，并协助用户完成保险产品选购的一种互联网金融门户。

保险类门户拥有强大的需求评估系统和保险条款解读功能，以及权威的法律和理赔咨询功能。与传统的保险销售相比，保险类门户具有十分明显的优势。这类门户网站致力于满足用户的保险需求以及实现保险产品价值最大化，尽可能地消除保险公司与用户之间的信息壁垒，在保险公司和用户之间起到桥梁作用。

在保险类门户网站中，用户可以采用一种全新的方式选购保险产品，并且保险类门户网站的保险业务流程是完全网络化的，保险信息咨询、保险计划书设计、投保、核保、保费计算、缴费、续期缴费等业务都可以在门户网站进行。除此之外，保险类门户将各个保险公司的产品进行整合，能为用户提供较为全面的保障方案评估与设计等专业服务。保险类门户通过这种不断完善的增值服务来获取更多的用户资源，进而提高门户网站的运营效率。

对于保险类门户来说，其盈利模式可根据其业务模式的不同进行细分，目前主要包括 B2C 模式、O2O 模式以及兼具 B2C 和 O2O 特点的混合模式。B2C 模式的保险类门户主要是与各大保险公司进行合作，销售不同保险公司的不同保险产品，这类门户的盈利模式主要是在用户完成投保后收取手续费；而 O2O 模式的保险类门户则主要为用户提供相关的资讯信息，这类门户的盈利模式主要是利用其大规模的用户流量来获得广告费用；而混合模式的保险类门户的盈利模式则是向保险机构或代理人提供用户信息和投保意向，从中收取佣金。

（三）理财类门户

理财类门户是独立的第三方理财平台，能够客观分析用户的理财需求，为其提供理财产品推荐和理财规划等服务。

专业、独立和审慎是金融机构对理财类门户的基本要求。理财类门户网站有自己的财富管理体系以及专业的研究团队。一般情况下，理财类门户网站并不参与理财交易，仅作为独立的第三方理财平台，依托云计算技术，通过与金融机构合作等方式，整合大量的理财产品信息，从中选出优质理财产品，供用户进行搜索比价。此外，理财类门户网站也会通过分析用户的财务状况、财务需求、投资偏好、风险偏好等，为用户制定个性化的财富管理策略，并向其推荐能够满足其需求的理财产品。

目前，理财类门户的盈利模式较单一，主要以广告费和推荐费为利润来源。理财类门户通过为合作的金融机构带来大量的用户，促成理财交易，以此收取推荐费，而广告费也与网站的用户量息息相关。所以，理财类门户盈利的关键就在于流量，稳步增加的用户量是理财类门户获得稳定收入的重要保障。

第三节　互联网金融门户面临的问题及优化策略

一、互联网金融门户面临的问题

（一）总体发展水平不高

首先，现有的互联网金融门户的业务规模不大。互联网金融门户业务大多由金融机构自己的网站提供，业务规模有限，收入水平不高。其次，我国互联网金融门户的发展缺乏专门的能够进行统一管理的组织机构，缺乏宏观政策的统筹。最后，我国目前现有的互联网金融门户质量良莠不齐，在行业标准方面没有得到统一有效的监管。

（二）社会责任与商业利益存在矛盾

"搜索比价"作为互联网金融门户的一项重要功能，引发了互联网金融门户的社会责任与商业利益之间的矛盾。互联网金融行业在追求商业利益的同时应如何兼顾社会责任的问题如果得不到解决，势必会影响互联网金融门户的健康发展。

（三）法律法规体系不完善

金融行业的稳健发展需要以法律为支撑。作为金融行业在现代经济进入互联网时代所表现出来的新模式，互联网金融门户的发展更需要法律法规的保驾护航。但是，我国目前仍然存在互联网金融门户相关法律体系不健全、法律法规供给不平衡等问题。有些法律法规还存在内容重叠、矛盾或者含糊不清等问题，无法解决互联网金融门户网站用户隐私保护、门户网站之间信息不对称等问题，不能完全满足新时代下金融消费者的实际需求，阻碍了我国互联网金融门户行业的发展。

（四）治理模式相对滞后

现阶段，我国互联网金融门户的治理理念仍沿用传统金融的分业监管形式。由于互联网金融门户行业存在跨时空、跨市场和跨产业等特征，因此，不同种类的互联网金融门户的运作模式是存在交叉的，传统的单一治理主体显然不符合互联网金融门户治理的实际需求，导致治理效率低下、治理效果较差，这会给门户网站运营者、消费者等带来不必要的损失。另外，金融监管部门的治理方式滞后于互联网技术的发展速度，进而对互联网金融门户治理体系的改革与发展带来不良影响，抑制互联网金融门户创新能力的提升。与此同时，针对不同的互联网金融门户之间的交叉业务，分业监管显然不适用，极易出现重复治理或者治理漏洞等现象，从而降低互联网金融门户治理工作的效率。

（五）风险管理能力不高

互联网金融门户的发展需要以征信系统的建设和风险管理机制的完善为安全支撑，从而解决信息不对称问题，防范金融风险。近年来，我国的征信系统建设初见成效，但与互联网金融门户的发展需求相比，还存在很大差距。部分互联网金融门户过于追求经营效益，对数据安全管理的重视不够，导致投资者或门户网站使用者的信息被泄露，引发安全危机。此外，征信数据不全面，各个征信机构之间缺乏沟通，信息、业务、应用存在脱节问题，导致征信数据分散、割裂严重，形成信息孤岛，无法发挥数据分析技术的优势，影响互联网金融门户行业风险防范能力的提升。

（六）市场竞争不够规范

互联网金融门户的数量与规模整体呈增长态势，这进一步加剧了行业内的恶性竞争行为。比如，部分互联网金融门户为了吸引投资，扩大规模，采取虚报收益率、恶意降价等不正当竞争行为，不仅侵犯了投资者的合法权益，也阻碍了自身的长足发展，同时还对整个行业的健康发展造成不良影响。长此以往，会在行业内部形成恶性循环，对我国互联网金融体系的安全和长远发展产生消极影响。

二、互联网金融门户的优化策略

（一）建立法律长效机制

首先，加强基础性法律建设。根据互联网金融门户的主要业态模式，完善基础性互联网金融法律法规，提高立法的专业性、权威性、针对性。相关部门还要注意解决法律法规中具体条款相互冲突的问题，实现互联网金融门户有法可依、有章可循，引导互联网金融门户的业务活动合法有序开展。此外，结合当下互联网金融技术创新的现状，立法机关应及时补充相关法律法规，并对具体条款作出合理解释，切实有效地保护消费者的合法权益。

其次，完善征信、网络信息保护等方面的法律法规。相关部门应重视互联网征信管理，将其纳入行业内部法律法规建设的顶层设计，建立健全征信制度，加强征信体系建设，为互联网金融门户的发展营造良好的社会征信环境。并且，监管部门应围绕互联网金融交易活动，加强网络信息安全建设，采取有效措施提高互联网金融门户的基础网络安全防范能力。

最后，加强互联网金融门户行业的软法建设。一般认为，软法是原则上没有法律约束力但有实际效力的行为准则。作为广义之法，互联网金融门户市场中的软法具有独特的运行机制，能够充分发挥市场治理的功能和优势。重视互联网金融治理体系中软法的作用，要求相关部门在合法发展的基础上，鼓励业内企业创新发展。互联网金融软法的制定，要遵循制定程序公开公正、内容合理合法、与硬法对接顺畅等原则。

（二）创新金融治理模式

首先，相关治理部门应推动建立统一管理、综合协调、分级负责的互联网金融门户行业治理体系，实现互联网金融门户行业治理主体全覆盖。基于此，中央与地方应加强治理的协同度，促进地方互联网金融门户治理工作规范化、制度化，在各地区设立相应的互联网金融门户治理机构，便于不同地区之间的资源共享与整合。与此同时，中央治理部门应发挥集中统一领导的优势，明确责任界限，简政放权，尊重地方互联网金融门户治理机构的独立性，防止过多干预、适得其反。

其次，相关治理部门应构建协作治理模式，推进治理模式的程序化、规范化，避免互联网金融门户行业治理出现治理空白或者过度治理现象。同时，相关部门应积极组织行业内的技能培训，促使互联网金融门户行业提升自身治理能力。

最后，相关治理部门要着力建设数字化系统，鼓励互联网金融门户行业的创新发展，注重数据智能化管理，提高治理效能。

（三）提高风险管理能力

在大数据时代，社会经济飞速发展，完善风险管理机制、提高风险管理能力已成为互联网金融门户行业发展的内在需求与必然趋势。

首先，监管部门应结合传统金融风险管理理论，建立健全风险防控体系，设立风险防控专业部门，针对风险防控点，采取科学可行的防控措施，全面监管互联网金融门户行业的各项活动，切实加强互联网金融企业的风险管控机制建设。同时，梳理金融项目工作流程，完善项目评估体系，为金融资产评定的真实性、可靠性提供制度支撑。

其次，互联网金融门户行业在提高其风险管理能力的过程中，应加强信息化建设，要善于利用现代信息技术做好投资和融资的风险管理，积极开展审慎性调查，综合评估金融交易过程中可能出现的担保机制风险、违约风险以及信息泄露风险等。

最后，互联网金融门户行业应加强征信基础建设。行业内相关人员应共建共享互联网金融征信数据库，正确引导征信机构发挥资源整合优势，推动征信市场健康发展，为互联网金融门户行业的健康、可持续发展创造良好的运营环境。

（四）加大监督管理力度

互联网金融门户以互联网技术为依托，具有复杂化、虚拟化等特征，因此，监管部门要建立更加规范化、系统化的金融监管机制，提高行业准入门槛，优化对互联网金融门户交易细节的监管流程，在发挥金融信息共建共享优势的同时，加大行业监管力度，规范市场竞争。监管部门要充分利用现代信息技术，如云计算、大数据等技术，构建数字化预警系统以及征信系统等，提高信用信息披露质量，规范互联网金融门户行业经营活动，促进监管目标的实现。

第四节　互联网金融门户
风险分析及控制

与传统的金融门户网站相比，互联网金融门户面临着特有的风险。本节将具体分析互联网金融门户面临的风险以及采取的控制措施。

一、互联网金融门户面临的风险

根据风险产生原因的不同，互联网金融门户风险可以分为操作风险、信用风险、业务管理风险、政策性风险等。

（一）操作风险

操作风险作为主要的金融风险之一，在金融体系中无处不在。随着互联网信息技术在传统金融业务中应用的不断深化，基于互联网金融门户员工行为和系统程序技术所产生的操作风险，不仅是互联网金融门户面临的重要威胁之一，更是互联网金融门户发展的重要隐患之一。

有效防范和控制操作风险的前提是了解操作风险的来源。互联网金融门户的操作风险涵盖的内容非常广泛，而且在不同的互联网金融门户运营模式中，会产生不同形式的操作风险。

（二）信用风险

投资者对于大的互联网金融门户所代理的金融产品会产生一种无形的信任。互联网金融门户在代理和销售金融产品和金融服务时，不仅要提供中介服务，而且还要承担保障资金往来支付安全的责任。

互联网金融门户的信用风险包括所代理的金融产品的融资方出现信用违约，自身由于人为操作或管理上的漏洞导致客户的信息资料泄露，以及自身不能履行对客户的承诺或投资者出现违约等情况而给客户以及公司带来损失等。目前，互联网金融门户领域的投资者只是通过第三方支付平台购买金融产品，对资金的去向及融资者的信息，如相关限制条件、风险信息等知之甚少。投资者对各种信息了解不深入，导致其交易活动存在着信用风险。

（三）业务管理风险

互联网金融门户面临的业务管理风险主要包括：第一，互联网金融门户属于新兴金融业态，缺乏完善的业务管理流程和风险防范意识；第二，互联网金融门户因为缺乏系统的预防措施而可能产生资金安全风险等；第三，互联网金融门户网站在销售自身金融产品和代理其他金融产品时会存在内部非市场竞争，甚至可能引发互联网金融门户网站与大型金融公司之间的业务竞争，在一定程度上带来运营风险。

（四）政策性风险

互联网金融门户行业属于新兴行业，互联网金融门户是互联网金融的一个新兴分支，国家对其在政策上的扶持和约束都存在不确定性，这可能导致互联网金融门户面临政策性风险。

二、互联网金融门户风险控制

为了应对上述风险，互联网金融门户需要从以下几个方面进行风险控制与管理：

（一）构建有效的横向合作监管体系

互联网金融门户需要与自己所代理的金融产品所属发行机构建立合作监管机制，加强对资金支付流程的监管。此外，对于金融产品所属发行机构而言，构建有效的横向合作监管体系，给予互联网金融门户网站技术和资金方面的监管和支持，能实现线上代理与线下销售的双赢。

（二）提高信息安全管理能力

互联网金融门户网站的信息技术部门要对信息安全管理技术的使用进行全面、系统的分析，根据互联网金融门户网站的技术特点提出应急预案，着力提高信息安全管理能力。同时，互联网金融门户网站的信息技术部门还要对金融交易的往来信息进行加密处理，防止信息被篡改或泄露。互联网金融门户网站在应用信息安全管理工具时，应与合作机构签订保密协议，必要时可以由互联网金融门户网站自己开发信息安全管理工具。

（三）加强对在线金融服务的监督

互联网金融门户应设定在线金融服务的最高往来金额，加强对在线金融服务的监督。同时，互联网金融门户网站应与中国人民银行网站建立数据传输渠道，接受中国人民银行及其他相关部门的监督与管理，防止不法分子利用互联网金融门户网站及第三方支付平台进行洗钱等违法犯罪活动。

（四）加强各业务部门的技能培训

互联网金融门户的相关客服人员要努力学习该互联网金融门户网站的业务和操作技能，使互联网金融门户所提供的金融产品和服务的安全性和质量达到客户的要求。此外，互联网金融门户网站的客服人员应尽量减少因操作失误带来的损失，努力为客户提供优质的咨询服务，为线上业务的拓展打好基础。

第五节　经济管理
对互联网金融门户的作用

在互联网金融门户的发展过程中，经济管理扮演了诸多主要的角色，如宏观经济调控的桥梁、市场秩序的有效维护者、消费者权益保护的坚实后盾以及可持续发展的推动者，在扮演这些角色的过程中，经济管理对互联网金融门户的发展产生了一系列重要作用，具体如下：

一、宏观经济调控的桥梁

经济管理在宏观经济调控中的作用，如同一个精细的调控器，通过货币政策、财政政策等手段，对包括互联网金融门户在内的整个金融市场的发展方向进行引导。作为宏观经济调控的桥梁，经济管理对互联网金融门户的作用具体表现如下：

（一）货币政策的影响

当中国人民银行调整货币政策，如降低存款准备金率等，会直接导致市场资金成本下降，流动性增加。这一政策的调整对互联网金融门户而言，意味着融资成本的降低和可贷资金的增加，从而有利于其扩大业务规模，为用户提供更加多元化的金融产品和服务。同时，货币政策的调整也会影响投资者的风险偏好和资产配置策略，间接影响互联网金融门户的客户结构和业务需求。

（二）财政政策的激励

政府通过税收优惠、财政补贴等财政政策，可以鼓励互联网金融门户加大对小微企业、农村经济主体等的金融服务力度。这些财政政策不仅降低了互联网金融门户的运营成本，还能够激发其服务实体经济的积极性，促进金融资源的有效配置和经济结构的优化升级。

二、维护市场秩序

经济管理在维护互联网金融门户市场秩序方面，发挥着不可替代的作用。通过建立完善的法律法规体系和监管机制，经济管理部门能够有效规范互联网金融门户市场秩序，保护消费者和投资者的合法权益。

（一）法律法规的完善

立法机关不断完善互联网金融门户相关法律法规，明确互联网金融门户的市场准入条件、业务规范、信息披露要求等，为行业的健康发展提供了坚实的法律基础。这些法律法规不仅规范了互联网金融门户的经营行为，还为互联网金融门户的创新发展提供了明确的方向。

（二）监管机制的强化

经济管理部门通过建立完善的监管机制，对互联网金融门户进行全方位的监督和检查。通过现场检查、非现场监管、风险评估等手段，经济管理部门可以及时发现并纠正互联网金融门户的违法违规行为，保障市场的公平、公正和透明。同时，经济管理部门可以通过加强对互联网金融门户的风险提示和预警，帮助互联网金融门户提高风险防范意识和风险控制能力。

三、保护消费者权益

互联网金融门户作为金融服务提供者，其提供的服务质量和安全性直接关系到消费者的切身利益。经济管理在消费者权益保护方面发挥了重要作用，为互联网金融门户的发展提供了坚实的后盾。

（一）金融知识普及

经济管理部门通过多种渠道和方式，加强对消费者金融知识的普及，提高消费者的金融素养和风险意识。这有助于消费者更好地了解互联网金融产品的特点和风险，作出理性的投资决策，避免盲目投资。

（二）投诉举报机制的建立

监管部门建立完善的投诉举报机制，为消费者提供便捷的维权渠道。消费者在使用互联网金融产品或接受互联网金融服务的过程中遇到问题时，可以通过投诉举报机制向监管部门反映情况，寻求帮助和支持。监管部门应及时受理并处理消费者的投诉和举报，维护消费者的合法权益。

四、推动可持续发展

经济管理在促进互联网金融门户可持续发展方面发挥着重要作用。经济管理部门通过采取措施推动金融科技创新、促进绿色金融发展等，能够引导互联网金融门户向更加绿色、低碳、可持续的方向发展。

（一）推动金融科技创新

经济管理部门鼓励和支持互联网金融门户进行科技创新，运用大数据、人工智能、区块链等先进技术提升互联网金融服务的效率和安全性。这些技术创新不仅有助于降低互联网金融门户的运营成本，提高服务质量，还能拓展新的业务领域，形成新的经济增长点，推动互联网金融门户的可持续发展。

（二）促进绿色金融发展

随着社会经济领域对环境保护、资源节约以及绿色发展的重视程度日益提高，绿色金融成为互联网金融行业的重要发展方向。经济管理部门通过制定绿色金融政策、支持绿色金融产品创新等措施，引导互联网金融门户加大对环保项目和绿色产业的金融支持力度。这有助于推动经济结构的绿色转型和高质量发展，实现经济效益和社会效益的双赢。

综上所述，经济管理对互联网金融门户的作用是多方面、深层次的。在未来的发展中，随着互联网金融行业的壮大，经济管理的作用将变得更加重要和突出。

参 考 文 献

[1] 陈云富. 完善金融风险管理助力实体经济发展——专访 2018 "沪上金融行业领军人物"、中国金融期货交易所副总经理张晓刚[J]. 金融世界，2019（06）：76-77.

[2] 丁杰. 金融科技学[M]. 北京：北京理工大学出版社，2023.

[3] 胡晨旭. 试析工商管理对金融经济发展的促进作用[J]. 金融客，2023（03）：4-6.

[4] 黄玉娟. 高职金融管理专业助力区域经济发展的思考——以济南职业学院金融管理专业为例[J]. 济南职业学院学报，2019（02）：45-47.

[5] 贾艺轩. 试析工商管理对金融经济发展的促进作用[J]. 营销界，2019（29）：195.

[6] 李云岳，王琦. 新时代物流企业经济发展下的金融管理分析[J]. 中国储运，2022（08）：156-157.

[7] 刘帅. 管理对金融经济发展的促进作用探析[J]. 商业经济，2023（03）：168-170.

[8] 刘盈，姜滢，李娟. 金融贸易发展与市场经济管理[M]. 汕头：汕头大学出版社，2021.

[9] 卢彦翰，吴笛. 国际贸易和国际资本流动下的海外资产管理——评《金融发展视角下的国际贸易、资本流动与经济增长》[J]. 国际贸易，2020（04）：1.

[10] 王聪. 金融发展对经济增长的作用机制[M]. 北京：中国经济出版社，2017.

[11] 王花毅，姜佳，苑卫卫. 金融风险管理与经济可持续发展研究[M]. 长春：

　　吉林人民出版社，2019.

[12] 王伟，黄晓艳，于淑娟.公共管理服务与金融经济发展研究[M].长春：
　　吉林人民出版社，2022.

[13] 熊虎，金桃，罗银浪.数字经济时代数字金融的发展与风险管理研究[J].
　　金融科技时代，2023，31（11）：47-52.

[14] 杨传红.试析工商管理对金融经济发展的促进作用[J].商场现代化，2019
　　（01）：187-188.

[15] 杨红，原翠萍，李增欣.经济管理与金融发展[M].北京：中国商业出版
　　社，2022.

[16] 杨丽.互联网金融模式下的农业经济与财务管理发展研究[M].延吉：延
　　边大学出版社，2020.

[17] 张涵舒.企业金融经济效益发展风险及其管理策略[J].现代商业，2023
　　（17）：113-116.

[18] 张皓翔，轩兴堃.低碳经济携手财富管理绿色金融助力可持续发展[J].
　　杭州金融研修学院学报，2022（06）：27-29.

[19] 张景岩，于志洲，卢广斌.现代经济发展理论与金融管理[M].长春：吉
　　林科学技术出版社，2021.